Amanda Lisetti

GENERAZIONI REIMMAGINATE

La guida completa per scoprire le reali differenze tra la Generazione Z, i Millennials, la Generazione X, i Boomers, i Silents e la Generazione Alpha.

*All'uomo che ha cambiato la mia vita per sempre, J.
Ma anche a mia zia Rose, a mio padre e a mia madre, in
ordine sparso.
A me stesso, che ho sempre dato il massimo, sì, anche a me,
perché no?
Questo è un viaggio attraverso i riconoscimenti di diverse
generazioni che mi hanno insegnato a navigare nel mondo di
oggi.*

CHI È AMANDA LISETTI E PERCHÉ DOVRESTE LEGGERE QUESTO LIBRO?

Sono una giornalista anglo-italiana, nata da madre inglese e padre italiano, quindi, ovviamente, molto legata con la nazione dello stivale, come ancora pochi la chiamano.

Sono una fusione di culture, da sempre affascinata dalle storie e dall'arte della narrazione. Affascinata dalle persone fin dalla più tenera età, sono nata nei primi anni '80, mancando di poco il limite per la Generazione X (fate pure i conti per capire il mio anno di nascita esatto, consideratelo un piccolo test), il che mi rende un membro orgoglioso della Generazione Y. Nata nel Regno Unito, a Liverpool, considero Londra la mia prima e unica casa, insieme a Milano e Roma. Be', tecnicamente la provincia di Roma.

Nel 2008 ho conseguito un master in giornalismo a Londra, dove ho avuto un incontro che mi ha cambiato la vita con un uomo che ha completamente trasformato il mio percorso. In seguito a quell'incontro, ho aperto un blog e, con la ritrovata ambizione e audacia, mi sono ritrovata a lavorare per il New York Times. Alla fine sono stata pubblicata in diversi libri, alcuni dei quali scritti da me. Tutto è iniziato con un incontro, un abbraccio. Perfetto. L'abbraccio perfetto.

Sono inciampata e mi sono rialzata innumerevoli volte, rimanendo sempre fedele a me stessa: testarda, a volte sbagliata, a volte giusta. Le persone mi hanno confermato questo. La verità è che amo stare in mezzo alle persone, raccontare le loro storie, ascoltarle, immergermi nelle loro esperienze. Mi piace essere il loro riflesso, lo specchio delle loro storie da condividere con il mondo, perché il mondo ha fame di storie, preferibilmente belle. Avendo incontrato innumerevoli personaggi nel corso del mio viaggio, ho deciso di scrivere questo libro sulle generazioni. In primo luogo, è una ricerca per imparare a contribuire a voi.

Ho vissuto in America per molti anni e ho avuto l'opportunità di incontrare numerosi individui di diversa estrazione e provenienza generazionale mentre scrivevo articoli come freelance o per riviste, giornali e blog. Anche dopo aver smesso di risiedere stabilmente in America, sono tornata in più occasioni con l'intenzione di studiare non solo le generazioni americane, ma anche di confrontare comportamenti e modi di essere con le "Generazioni" di tutto il mondo. Ho viaggiato molto, per lavoro, per piacere, per l'emozione di farlo.

Ho affrontato innumerevoli situazioni che mi hanno plasmata: tenace, libera, con il vento tra i capelli, senza vincoli, senza rimpianti. Non ho rimpianti per nessuna delle mie esperienze, nonostante gli alti e bassi della mia vita. Con tutte le conoscenze e le esperienze accumulate, non mi sono concentrato solo sulla discussione delle generazioni americane. Alla fine di questo libro, troverete un'esplorazione di ciò che le generazioni hanno realizzato in Europa, Asia, Africa e Medio Oriente.

Il mio obiettivo era quello di verificare se esistesse un filo conduttore che collegasse il modo di pensare in base al periodo storico di nascita, trascendendo le generazioni di tutto il mondo. Naturalmente, è impossibile generalizzare e categorizzare tutti gli individui nati in un certo arco di tempo come un unico gruppo unificato.

Tuttavia, è utile osservare che alcuni comportamenti e modelli di pensiero e azione si sono dimostrati notevolmente simili nel tempo e nello spazio. Anzi, forse... Questo potrebbe essere un argomento di studio per i miei libri futuri.

Partendo dallo sviluppo generazionale in Italia, con aggiunta speciale per l'edizione Italiana, Generazioni Reimmaginate esplora poi le generazioni dell'America e non solo. Ho utilizzato le mie esperienze per comprendere meglio uno dei Paesi più incantevoli e incredibili del mondo. Visti i luoghi in cui ho vissuto, anche brevemente, le persone che ho incontrato e i modelli comportamentali osservati, non potevo limitarmi a parlare dell'America. Oggi questa potrebbe essere una delle opere più complete di ricerca, saggi ed esposizione sulle generazioni degli ultimi 100 anni a livello mondiale. Non perdetela.

Posso solo dirvi che intraprendete un viaggio affascinante attraverso le generazioni degli ultimi due secoli.

Approfondiamo insieme le complessità di questi passaggi generazionali.

Amanda

INTRODUZIONE ALL'EDIZIONE ITALIANA

Il conflitto diffuso che caratterizza la nostra epoca attuale e recente rivela strutture comportamentali che si rifanno ai giovani, i quali, seguendo i comportamenti distintivi dei giovani del Cinquecento, incarnano il "timore perpetuo di una natura umana intrinsecamente barbarica, soprattutto nella sua fase giovanile".

Allargano lo sguardo all'Europa, nei modelli di conflitto delle generazioni più giovani nel dopoguerra, che hanno animato le città occidentali per più di cinquant'anni, si osserva un tendenza verso un "imbarbarimento collettivo" e, a seconda del contesto spazio-temporale, gruppi come i nozem (Paesi Bassi), i gammler (Germania Ovest), i blousons noirs (Francia), i nederumper (Danimarca), e i raggare (Svezia), insieme ai merveilleux di Parigi, ai victorian boys inglesi e ai pachucos latino-americani degli anni Quaranta, evidenziano una segmentazione sociale che mira alla riformulazione di codici relazionali estranei ai canoni tradizionali, con tratti distintivi particolarmente evidenti nelle società moderne.

Le forme di aggregazione giovanile in determinate epoche storico-economiche — come il passaggio globale a un modello industriale e/o di crescita — promuovono una nuova dimensione di socialità che compensa l'indebolimento dei legami intergenerazionali e la conseguente frammentazione del sistema di valori di riferimento, generando nei giovani un distacco dal sistema politico-istituzionale e un'avversione verso i modelli espressivi in contrasto con il background culturale del proprio gruppo, stimolando al loro interno un senso di appartenenza solidale e fortemente territoriale, oltre che conflittuale.

La fenomenologia delle aggregazioni tipiche delle piazze ci presenta uno scenario polimorfo. Nell'emergere delle resistenze culturali che hanno segnato il declino del consenso nel dopoguerra, principalmente nelle città, come risultato di "un modello di sviluppo spaziale legato alle diverse modalità della produzione", identifichiamo un comportamento che adotta codici politici come causa ed effetto della radicalizzazione dello scontro sociale, coinvolgendo flussi di giovani aggregati, con il conflitto e l'elemento territoriale come indice di correlazione tra l'identità individuale e l'opposizione spaziale nel tessuto urbano.

Nella letteratura sociologica, un contributo agli studi teorici sulla "questione giovanile" nel XX secolo è stato fornito dalla Scuola di Chicago nei primi decenni. Gli studiosi hanno iniziato ad esplorare le "articolazioni sociali e culturali risultanti dalle azioni giovanili sorte tra le due guerre mondiali", classificando la gioventù come un costrutto sociale "sensibile e reattivo alle strutture istituzionali e ai cambiamenti che interessano la società nel suo insieme". In particolare, l'attenzione si concentrava sull'osservazione dei comportamenti sociali modellati in un contesto segnato da disuguaglianze e disfunzioni. La tradizione della Scuola di Chicago parallela all'analisi del Centro per gli Studi Culturali Contemporanei di Birmingham, fondato nel 1964 sotto la direzione di Richard Hoggart, interpreta il comportamento sottoculturale giovanile non come una devianza volta a rifiutare il sistema di norme dominanti, ma piuttosto come "manifestazioni irrisolte delle contraddizioni economiche e sociali dell'epoca, rifiutandosi di inquadrarle entro la devianza da norme o la delinquenza criminale".

Dalla Silent Generation alla Gen Z, l'America ha assistito a significativi cambiamenti sociali, culturali e tecnologici che hanno plasmato i valori, gli atteggiamenti e i comportamenti di ciascuna generazione. Ma da dove nascono queste divisioni generazionali?

Chi li ha inventati? E perché sono importanti?

In questo libro esploreremo la storia e il significato delle divisioni generazionali, approfondendo le forze che hanno plasmato ciascuna coorte e l'impatto che hanno avuto sulla società americana. Analizzeremo anche le sfide e le opportunità uniche che ciascuna generazione si trova ad affrontare e come possono lavorare insieme per creare un futuro migliore per tutti.

Ma prima facciamo un passo indietro e guardiamo come sono nate le divisioni generazionali. Il concetto di gruppi di età diversi con caratteristiche e valori unici non è nuovo, ma solo nel XX secolo è stato ampiamente riconosciuto e studiato.

Il primo tentativo di definire le coorti generazionali risale agli anni '20, quando i demografi William Strauss e Neil Howe identificarono quattro generazioni distinte che ritenevano avessero plasmato la storia americana. Le chiamarono G.I. Generation (nati dal 1901 al 1924), Silent Generation (nati dal

1925 al 1942), Baby Boomers (nati dal 1943 al 1960) e Generation X (nati dal 1961 al 1981).

Da allora, altri ricercatori e commentatori hanno aggiunto o rivisto le coorti generazionali, come i Millennial (nati dal 1982 al 1996) e la Gen Z (nati dal 1997 al 2012). Anche se le date e i nomi esatti di queste generazioni possono variare a seconda della fonte, l'idea di base rimane la stessa: i diversi gruppi di età hanno caratteristiche uniche che definiscono le loro esperienze e prospettive.

Perché è importante fare queste distinzioni? Uno dei motivi è che la comprensione delle differenze generazionali può aiutarci a gestire i cambiamenti sociali, economici e politici. Riconoscendo le esperienze e i valori di ciascuna coorte, possiamo comprendere meglio le loro prospettive e lavorare insieme per affrontare le sfide comuni.

Un altro motivo è che le divisioni generazionali possono anche plasmare l'identità sociale e le norme culturali. Dalla controcultura ribelle dei Baby Boomers all'identità nativa digitale della Gen Z, ogni generazione ha contribuito a creare un'identità collettiva che modella il modo in cui vediamo noi stessi e la nostra società.

In questo libro esploreremo ogni generazione in dettaglio, dagli eventi che hanno plasmato i loro anni formativi ai valori e agli atteggiamenti che definiscono la loro visione del mondo. Esamineremo anche il modo in cui le differenze generazionali si manifestano in ambiti quali la politica, la tecnologia e il lavoro, e quali implicazioni hanno per il nostro futuro collettivo.

Ma mentre esploreremo le caratteristiche uniche di ogni generazione, è importante ricordare che non tutti i membri di una generazione condividono le stesse esperienze o prospettive. Le divisioni generazionali non sono deterministiche e le differenze individuali, come la razza, il sesso e lo status socioeconomico, possono avere un impatto significativo sulla vita e sulla visione del mondo di una persona.

Con queste premesse, tuffiamoci nel mondo delle differenze generazionali ed esploriamo ciò che ogni coorte porta in tavola. Dalla Silent Generation alla Gen Z, esamineremo le forze che hanno plasmato ciascuna generazione e come stanno plasmando il futuro   dell'America.

IL PRIMO LIBRO 'GENERAZIONI'

Cominciamo dall'inizio. "Generazioni: The History of America's Future, 1584 to 2069" è un libro innovativo scritto da William Strauss e Neil Howe, pubblicato nel 1992. Quest'opera presenta un'analisi completa della teoria generazionale e del suo profondo impatto sulla storia e sulla società americana. Con le sue intuizioni stimolanti e le sue previsioni convincenti, "Generations" ha innescato un cambiamento significativo nell'opinione pubblica americana e ha avuto un'influenza duratura su vari aspetti della società.

Al centro di "Generazioni" c'è la tesi centrale secondo cui la storia si svolge in una serie di cicli generazionali ricorrenti, ciascuno con caratteristiche, valori e atteggiamenti distinti. Strauss e Howe hanno identificato quattro tipi generazionali archetipici: generazioni idealiste, reattive, civiche e adattive e hanno proposto che questi cicli si ripetano ogni 80 anni circa, il cosiddetto "saeculum". Esaminando i modelli e le dinamiche delle coorti generazionali dall'epoca coloniale ai giorni nostri, gli autori hanno fornito un quadro convincente per comprendere i cambiamenti della società, i mutamenti politici e le trasformazioni culturali.

Uno degli impatti principali di "Generations" è stata la sua profonda influenza sulla percezione pubblica e sulla consapevolezza delle differenze generazionali. Il libro ha fatto luce sul perché le diverse generazioni possiedono valori, credenze e atteggiamenti unici, sottolineando l'importanza delle esperienze generazionali nel plasmare il corso della storia. Questa nuova prospettiva ha risuonato con il pubblico americano, fornendo un quadro di riferimento per la comprensione delle dinamiche generazionali che sono alla base degli sviluppi sociali, politici e culturali.

L'uscita di "Generations" ha segnato un punto di svolta nello studio della teoria generazionale, portando a un rinnovato interesse e a ulteriori ricerche in diverse discipline. Studiosi, politici e operatori del marketing hanno iniziato ad approfondire le dinamiche generazionali, esplorando l'impatto delle coorti generazionali sulla società, sull'economia e sul comportamento dei consumatori. Le intuizioni del libro hanno rivoluzionato la comprensione delle differenze generazionali, sfidando gli stereotipi prevalenti e favorendo una comprensione più sfumata delle interazioni intergenerazionali.

Inoltre, "Generazioni" ha avuto un impatto significativo sul panorama politico. Il libro ha spinto politici e strateghi a considerare i fattori generazionali nelle loro strategie di campagna e nelle decisioni politiche. Riconoscere i valori e le priorità delle diverse generazioni è diventato fondamentale per i politici che intendono entrare in contatto con segmenti specifici di elettori. Il quadro di riferimento fornito da "Generazioni" ha permesso ai politici di adattare i loro messaggi e le loro politiche in modo che risuonassero con le preoccupazioni e le aspirazioni delle varie coorti generazionali.

L'influenza di "Generazioni" si è estesa oltre il mondo accademico e politico, permeando la cultura popolare e le conversazioni quotidiane. Le discussioni sulle dinamiche generazionali sono diventate più frequenti e i concetti e la terminologia del libro sono entrati nel lessico pubblico. Il profondo impatto delle differenze generazionali sulle tendenze della società e sui cambiamenti culturali è diventato un argomento di interesse e di esplorazione su varie piattaforme mediatiche.

Inoltre, "Generazioni" si è rivelato preveggente nelle sue previsioni sulla generazione dei Millennial, che all'epoca della pubblicazione del libro era ancora agli inizi. Gli autori avevano previsto con precisione che i Millennial avrebbero esercitato un'influenza significativa e avrebbero rimodellato vari aspetti della società, tra cui la tecnologia, la politica e l'economia. Quando queste previsioni hanno iniziato a concretizzarsi, la credibilità e la rilevanza di "Generazioni" sono state rafforzate, consolidando ulteriormente il suo impatto sull'opinione pubblica.

Così, "Generazioni: The History of America's Future, 1584 to 2069" di William Strauss e Neil Howe ha rivoluzionato la comprensione delle dinamiche generazionali nella società americana. Quest'opera fondamentale ha fornito un quadro convincente per comprendere la natura ciclica della storia e la profonda influenza delle coorti generazionali. Facendo luce sui valori, gli atteggiamenti e le esperienze distinte delle diverse generazioni, "Generations" ha trasformato l'opinione pubblica e ha suscitato discussioni che continuano a plasmare la nostra comprensione del cambiamento sociale. Il suo impatto duraturo è visibile nell'aumento del riconoscimento e dell'analisi delle differenze generazionali nel mondo accademico, nella politica e nella cultura popolare. L'analisi approfondita del libro e le sue previsioni penetranti hanno catturato l'immaginazione del pubblico americano, innescando un cambiamento nel modo in cui le dinamiche generazionali vengono percepite e comprese.

"Generazioni" non solo ha fornito preziose indicazioni sul passato e sul presente, ma ha anche offerto un quadro di riferimento per prevedere le tendenze future della società. Le proiezioni degli autori sulla generazione dei Millennial, in particolare, si sono rivelate straordinariamente accurate. Avevano previsto che i Millennial sarebbero stati una forza di trasformazione, che avrebbero sfruttato la tecnologia per rimodellare i settori, che avrebbero guidato i cambiamenti sociali e politici e che avrebbero sfidato le norme e le istituzioni tradizionali. Quando la generazione dei Millennial è diventata maggiorenne e ha esercitato la sua influenza, le previsioni contenute in "Generazioni" hanno acquisito credibilità e hanno rafforzato l'impatto del libro sull'opinione pubblica.

L'influenza di "Generations" si è estesa al di là del mondo accademico e ha risuonato con un vasto pubblico. Il libro è diventato una pietra di paragone per la comprensione delle dinamiche delle coorti generazionali e del loro impatto sulla società. Ha fornito un linguaggio e un quadro comune per le discussioni sulle differenze generazionali, consentendo a individui e gruppi di comprendere meglio la propria identità generazionale e di apprezzare le prospettive delle altre generazioni. I concetti e la terminologia del libro sono entrati nella coscienza pubblica, arricchendo il discorso pubblico e promuovendo un più profondo apprezzamento per le diverse esperienze e punti di vista tra le generazioni.

"Generazioni" ha anche stimolato ulteriori ricerche ed esplorazioni delle dinamiche generazionali in varie discipline. Studiosi, sociologi e psicologi hanno approfondito l'argomento, basandosi sul lavoro fondamentale svolto nel libro. Il quadro presentato da Strauss e Howe in "Generazioni" continua a plasmare e informare la ricerca sulla teoria generazionale, offrendo preziose indicazioni sui cambiamenti della società, sugli sviluppi culturali e sulle interazioni intergenerazionali.

Oltre al suo impatto intellettuale, "Generations" ha avuto effetti tangibili sulle strategie di marketing e aziendali. Gli esperti di marketing hanno riconosciuto l'importanza delle coorti generazionali come segmenti di consumatori distinti, ciascuno con preferenze, valori e comportamenti d'acquisto unici. La comprensione delle dinamiche generazionali è diventata essenziale per le aziende che desiderano entrare in contatto con il proprio pubblico di riferimento e adattare i propri prodotti e messaggi di conseguenza. Il libro fornisce agli esperti di marketing una tabella di marcia per coinvolgere efficacemente le diverse generazioni, aprendo nuove strade per la crescita e il successo.

Nel complesso, "Generazioni: The History of America's Future, 1584 to 2069" di William Strauss e Neil Howe ha avuto un profondo impatto sull'opinione pubblica americana. Ha rivoluzionato la comprensione delle dinamiche generazionali, fornendo un quadro completo per comprendere la natura ciclica della storia e la profonda influenza delle coorti generazionali. Le intuizioni e le previsioni del libro hanno risuonato con il pubblico, stimolando discussioni, plasmando il discorso pubblico e influenzando vari aspetti della società, dalla politica e dalla cultura agli affari e al marketing. La sua eredità duratura continua a plasmare la nostra comprensione delle differenze generazionali e del loro impatto sulla traiettoria della società.

William Strauss, coautore di "Generations: The History of America's Future, 1584 to 2069", è uno storico e scrittore americano nato nel 1947. Insieme al suo coautore Neil Howe, Strauss ha dato un contributo significativo al campo della teoria generazionale e alla sua applicazione nella comprensione della storia e della società americana. La pubblicazione di "Generations" nel 1992 ha segnato un momento cruciale nel discorso intellettuale e culturale americano, in quanto è emerso durante un periodo di trasformazione sociale e politica.

Al momento della stesura di "Generations", gli Stati Uniti stavano attraversando un profondo cambiamento nel loro panorama sociale e politico. La fine del XX secolo ha visto la fine della guerra fredda, il crollo dell'Unione Sovietica e l'emergere degli Stati Uniti come unica superpotenza mondiale. Questi eventi sismici a livello globale ebbero implicazioni di vasta portata per la società americana, poiché coincisero con significativi cambiamenti interni.

Negli anni '80 e nei primi anni '90, il Paese ha sperimentato un rinnovato senso di ottimismo e di crescita economica, caratterizzato dalle politiche conservatrici del presidente Ronald Reagan e dalla successiva presidenza di George H.W. Bush. Tuttavia, sotto la superficie, le linee di frattura sociali e culturali stavano diventando più evidenti. Tensioni razziali, disuguaglianza economica e polarizzazione politica si stavano intensificando, lasciando presagire le sfide che avrebbero caratterizzato i decenni successivi.

È in questo contesto che William Strauss e Neil Howe hanno intrapreso l'ambizioso progetto di analizzare i modelli della storia americana attraverso una lente generazionale. Attingendo alla loro esperienza in storia e sociologia, gli autori hanno cercato di fornire una comprensione completa di come le coorti generazionali plasmino la società e ne influenzino la traiettoria. Il loro lavoro mirava a illuminare la natura ciclica della storia e i modelli ricorrenti che emergono con l'ascesa e il declino delle generazioni.

La ricerca di Strauss e Howe è stata informata dagli eventi storici e dalle esperienze di diverse generazioni, dall'epoca coloniale ai giorni nostri. Esaminando il modo in cui ogni generazione ha risposto e influenzato i cambiamenti della società, hanno identificato modelli e archetipi ricorrenti che hanno contribuito a spiegare le dinamiche della storia americana. Il loro obiettivo non era solo quello di analizzare il passato, ma anche di fare previsioni sui cicli generazionali futuri, offrendo spunti su ciò che si prospetta per la società americana.

"Generazioni" ha presentato una narrazione avvincente che ha risuonato con i lettori, fornendo un quadro di riferimento per la comprensione delle sfide e delle opportunità che l'America contemporanea deve affrontare. Offre una nuova prospettiva sull'interconnessione delle generazioni e sui modi in cui esse danno forma agli sviluppi culturali, politici e sociali. Il contesto storico del libro riflette i tempi, cogliendo lo spirito di una nazione in profondo cambiamento.

Il lavoro di Strauss e Howe ha avuto un profondo impatto sul discorso pubblico e sui dibattiti intellettuali. Ha incoraggiato un esame più approfondito delle dinamiche generazionali e della loro influenza sulla società, sfidando le ipotesi e gli stereotipi prevalenti. Il libro ha spinto persone di vari settori, tra cui il mondo accademico, politico e imprenditoriale, a considerare le implicazioni della teoria generazionale nei rispettivi ambiti.

In ambito politico, le idee presentate in "Generazioni" hanno avuto implicazioni significative. Politici e strateghi hanno iniziato a riconoscere l'importanza dei fattori generazionali nella comprensione del sentimento pubblico e nella creazione di messaggi efficaci. Il libro ha fornito preziose indicazioni sui valori, le convinzioni e le aspirazioni delle diverse generazioni, aiutando le campagne politiche ad adattare i loro appelli per risuonare con segmenti specifici di elettori.

Oltre alla politica, "Generations" ha avuto un impatto anche sulla cultura popolare e sul pubblico in generale. Ha stimolato conversazioni sulle differenze generazionali, favorendo un maggiore apprezzamento per le diverse esperienze e prospettive dei vari gruppi di età. I concetti e la terminologia del libro sono entrati a far parte del lessico culturale, permeando le discussioni sulle tendenze della società, sui cambiamenti culturali e sulle dinamiche intergenerazionali.

William Strauss, grazie alla sua formazione di storico, ha apportato al progetto una profonda conoscenza della storia americana. La sua esperienza gli ha permesso di contestualizzare le dinamiche generazionali all'interno di narrazioni storiche più ampie e di evidenziare i modelli ricorrenti che hanno plasmato la traiettoria della nazione. Esaminando le esperienze, i valori e gli atteggiamenti delle diverse generazioni, Strauss ha illuminato i modi in cui esse hanno influenzato gli sviluppi sociali, culturali e politici.

Il lavoro di Strauss e Howe è stato significativo non solo per la sua analisi storica, ma anche per il suo potere predittivo. L'esplorazione dei cicli generazionali e le proiezioni sul futuro del libro hanno risuonato con i lettori che cercavano di dare un senso al mondo che cambiava intorno a loro. In particolare, le previsioni sulla generazione dei Millennial e sul suo potenziale di trasformazione hanno catturato l'immaginazione di molti.

La pubblicazione di "Generations" nel 1992 coincise con un periodo di introspezione e di esame di coscienza per gli Stati Uniti. Il Paese era alle prese con incertezze economiche, tensioni sociali e un senso di frammentazione culturale. Le intuizioni del libro sulle dinamiche generazionali hanno fornito un quadro di riferimento per la comprensione di queste sfide e hanno offerto una speranza per navigare nelle complessità di una società in rapida evoluzione.

Uno degli impatti notevoli di "Generazioni" è stata la sua influenza sull'opinione pubblica e sul discorso. Il libro ha suscitato conversazioni e dibattiti sul ruolo delle generazioni nel plasmare il destino della nazione. Ha spinto gli individui a riflettere sulla propria identità generazionale e ha favorito un più profondo apprezzamento per le diverse prospettive ed esperienze dei vari gruppi di età.

Inoltre, i concetti e la terminologia introdotti in "Generations" hanno avuto applicazioni pratiche al di là del mondo accademico. Il libro ha influenzato le strategie di marketing e commerciali, poiché le aziende hanno riconosciuto l'importanza delle coorti generazionali come segmenti di consumatori distinti. La comprensione delle dinamiche generazionali è diventata cruciale per le aziende che cercano di entrare in contatto con il proprio pubblico di riferimento e di adattare i propri prodotti e messaggi di conseguenza.

In sintesi, il lavoro di William Strauss, coautore di "Generations" insieme a Neil Howe, ha avuto un profondo impatto sull'opinione pubblica americana. Il contesto storico del libro, sullo sfondo delle trasformazioni sociali e politiche, ha contribuito alla sua importanza. Offrendo un quadro completo per la comprensione delle dinamiche generazionali, il lavoro di Strauss e Howe ha influenzato il discorso pubblico, le campagne politiche, le strategie di marketing e le conversazioni culturali. L'eredità duratura di "Generations" continua a plasmare la nostra comprensione dell'interazione tra le generazioni e del loro profondo impatto sulla traiettoria della società americana.

In conclusione, "Generations" di William Strauss e Neil Howe è emerso durante un periodo di trasformazione della storia americana, cogliendo i cambiamenti sociali e politici che stavano rimodellando la nazione. Il loro lavoro ha fornito un quadro stimolante per comprendere la natura ciclica della storia e la profonda influenza delle coorti generazionali. Il contesto storico del libro, sullo sfondo della fine della guerra fredda e del cambiamento del panorama socio-politico della fine del XX secolo, ha contribuito al suo impatto e alla sua risonanza.

Dove stiamo andando?

Questo libro ha lo scopo di sbloccare il potere dei cambiamenti generazionali e di abbracciare l'ascesa della generazione Alpha.

Intraprenderemo un affascinante viaggio nel tempo, esplorando il profondo impatto delle diverse generazioni sul nostro mondo. Dalla resistente Generazione del Silenzio ai pionieri del Baby Boom, dall'indipendente Gen X ai Millennial, esperti di tecnologia, fino alla Gen Z, socialmente consapevole, ogni generazione ha lasciato un segno indelebile nella storia.

Mentre rivolgiamo la nostra attenzione al futuro, ci troviamo sull'orlo di un'era di trasformazione con l'emergere della Generazione Alpha. Nata in un mondo caratterizzato da progressi tecnologici senza precedenti, connettività globale e pressanti sfide ambientali, la Generazione Alpha rappresenta la prossima ondata di cambiamento. Grazie alla loro innata fluidità digitale, alla naturale capacità di adattamento e al loro sconfinato potenziale, sono pronti a rimodellare il nostro mondo in modi che possiamo solo iniziare a immaginare.

Ma cosa riserva il futuro ai nostri figli, la Gen Alpha? Come possiamo prepararli alle sfide e alle opportunità che ci attendono? In questa esplorazione stimolante, approfondiamo le realtà attuali e il futuro potenziale della Gen Alpha. Attingendo a dati reali, ricerche e intuizioni di esperti, sveliamo le caratteristiche, le aspirazioni e i punti di forza unici di questa generazione emergente.

Tuttavia, il nostro viaggio non si limita al solo futuro. Per comprendere veramente il percorso che ci attende, dobbiamo prima riconoscere le lezioni e le eredità del passato. Approfondiamo i momenti cruciali e i tratti distintivi di ogni generazione precedente, riconoscendo i fili che ci uniscono e la saggezza che possiamo trarre dalle loro esperienze.

In sintesi, quello che sto proponendo qui non è solo un viaggio nostalgico nella memoria, né una sfera di cristallo che predice un futuro incerto. È un'avvincente esplorazione dell'interazione tra le generazioni, del paesaggio attuale in cui ci muoviamo e delle possibilità che ci attendono.
Comprendendo le diverse prospettive, i valori e le motivazioni di ciascuna generazione, possiamo colmare i divari, promuovere l'empatia e sfruttare il potere collettivo per creare un futuro migliore.
Unitevi a noi in questo viaggio illuminante mentre sveliamo le complessità delle dinamiche generazionali, celebriamo i trionfi del passato, abbracciamo il

momento presente e accendiamo l'immaginazione per il mondo che la Gen Alpha erediterà.

Tracciamo un percorso che onori le nostre diverse eredità e che forgi un cammino verso un domani più luminoso.

Insieme, reimmaginiamo le generazioni e liberiamo il potenziale di trasformazione della Gen Alpha.

Dalla Silent Generation alla Gen Z, l'America ha visto significativi cambiamenti sociali, culturali e tecnologici che hanno plasmato i valori, gli atteggiamenti e i comportamenti di ciascuna generazione.

Ma da dove nascono queste divisioni generazionali?

Chi li ha inventati?

E perché sono importanti?

Scopriamone di più insieme.

Chi l'ha fatto la prima volta?

È difficile individuare una persona specifica che abbia messo insieme per la prima volta tutti questi termini generazionali, poiché si tratta di un concetto che si è evoluto nel tempo con il contributo di varie fonti. Tuttavia, l'idea di classificare le persone in gruppi generazionali diversi sulla base di esperienze e valori condivisi può essere fatta risalire al lavoro di scienziati sociali e demografi che hanno studiato le tendenze della popolazione e gli effetti di coorte.

Uno dei primi sostenitori di questo approccio fu il sociologo Karl Mannheim, che negli anni Venti propose il concetto di "unità generazionale" per descrivere le esperienze e le prospettive condivise dalle persone nate in determinati periodi storici. Più tardi, negli anni '60 e '70, ricercatori come Neil Howe e William Strauss svilupparono il concetto di "cicli generazionali", basandosi su modelli ricorrenti di cambiamento sociale, politico ed economico.

I termini Baby Boomers, Generazione X e Millennials sono stati resi popolari negli anni '80

e '90 da critici culturali e giornalisti che cercavano di dare un senso ai cambiamenti culturali e politici di quei decenni. Il termine Gen Z è emerso più di recente, quando la coorte nata dopo i Millennial ha iniziato a entrare nell'età adulta e a conquistare la ribalta culturale.

Sebbene sia difficile individuare una singola persona o fonte che per prima abbia messo insieme tutte le definizioni di generazione, si ritiene che il concetto di coorte generazionale e le sue caratteristiche uniche siano state rese popolari da William Strauss e Neil Howe nel loro libro del 1991 "Generations: The History of America's Future, 1584 to 2069". Il loro libro esamina i modelli ricorrenti nella storia americana e il modo in cui le differenze generazionali danno forma a questi modelli. Da allora, il concetto di coorte generazionale e delle sue caratteristiche è stato ampiamente utilizzato e discusso in vari campi, tra cui la sociologia, il marketing e l'economia.

Generations esamina la storia americana attraverso la lente dei cicli generazionali, dividendo la popolazione in quattro archetipi generazionali: le generazioni Idealista, Reattiva, Civica e Adattiva.

Gli autori sostengono che questi archetipi si ripetono nel corso della storia americana e che le esperienze formative di ciascuna generazione ne modellano i valori, gli atteggiamenti e i comportamenti in modo distinto. Suggeriscono inoltre che le interazioni tra queste generazioni possono avere effetti significativi sulla politica, la cultura e la società americane.

Il libro ha avuto un impatto significativo sui media e sulla cultura popolare, in quanto ha reso popolare l'idea della teoria generazionale e ha introdotto termini come Baby Boomers, Generazione X e Millennials a un pubblico più ampio. Ha influenzato anche i leader politici e aziendali, che hanno utilizzato le intuizioni del libro per comprendere meglio e coinvolgere le diverse generazioni.

Negli anni successivi alla pubblicazione del libro, le discussioni sulle generazioni e sulla teoria generazionale sono diventate più comuni nei media e nei circoli accademici.

Oggi, l'idea che le diverse generazioni abbiano valori, credenze e comportamenti distinti è ampiamente accettata e continua a plasmare la nostra comprensione della società americana.

LA GENERAZIONE SILENZIOSA

Il termine "Silent Generation" è stato coniato dalla rivista Time in un articolo di copertina del 1951 intitolato "The Younger Generation", scritto dal giornalista William Strauss. Nell'articolo, Strauss si riferiva alla generazione nata tra il 1925 e il 1942 come alla "Silent Generation" perché riteneva che fosse stata messa in ombra dalla precedente "Greatest Generation" e dai successivi Baby Boomers.

Strauss sosteneva che la Silent Generation era cresciuta in un'epoca di sconvolgimenti economici e sociali, con la Grande Depressione e la Seconda Guerra Mondiale a plasmare le loro esperienze e i loro atteggiamenti. Suggerisce che si trattava di un gruppo cauto e conservatore, caratterizzato da un senso del dovere e del conformismo, privo dello spirito ribelle dei Baby Boomers che li avrebbero seguiti.

Il termine "Silent Generation" ha preso piede e da allora è diventato un modo ampiamente riconosciuto di riferirsi alla coorte di americani nati durante questo periodo. Vale la pena notare, tuttavia, che non tutti concordano con la caratterizzazione della Silent Generation come silenziosa o priva di influenza. Alcuni storici e commentatori hanno sottolineato che i membri di questa generazione hanno svolto ruoli importanti nel plasmare la società e la cultura americane, dal movimento per i diritti civili all'ascesa del rock and roll.

In questo capitolo esploreremo la generazione che è cresciuta durante la Grande Depressione e la Seconda Guerra Mondiale. Esamineremo i valori e le caratteristiche che definiscono la Silent Generation, come il forte senso del dovere, il conformismo e la deferenza verso l'autorità. Vedremo anche come le loro esperienze hanno plasmato i loro atteggiamenti verso il lavoro, la famiglia e la politica, e quali implicazioni hanno questi valori per il futuro dell'America.

La Silent Generation, nota anche come "Lucky Few", è la coorte nata tra il 1928 e il 1945, che ha raggiunto la maggiore età durante alcuni dei periodi più tumultuosi della storia americana. Questa generazione è nata in un'epoca di instabilità economica, sconvolgimenti sociali e guerre. Si collocano tra la Greatest Generation, che ha combattuto nella Seconda Guerra Mondiale, e i Baby Boomers, che sono cresciuti nel boom del dopoguerra. Nonostante sia stata messa in ombra da queste due generazioni simbolo, la Silent Generation ha svolto un ruolo fondamentale nel plasmare il futuro dell'America.

La Silent Generation è nata in un'epoca di difficoltà economiche. La Grande Depressione iniziò nel 1929, con il crollo del mercato azionario, e durò per un decennio. Il tasso di disoccupazione salì alle stelle e molte famiglie faticarono ad arrivare a fine mese. Di conseguenza, la Silent Generation imparò il valore del duro lavoro e della frugalità. Spesso sono stati definiti "risparmiatori", in quanto è stato insegnato loro a risparmiare i soldi e a evitare i debiti.

La Silent Generation ha vissuto anche la Seconda Guerra Mondiale, che ha avuto un profondo impatto sulle loro vite. Molti di loro sono stati arruolati nel servizio militare o hanno conosciuto qualcuno che lo ha fatto. Hanno assistito ai sacrifici che i loro genitori e fratelli maggiori hanno fatto nello sforzo bellico e questo ha instillato in loro un senso del dovere e del patriottismo. La guerra portò anche dei cambiamenti sociali: le donne entrarono in gran numero nella forza lavoro per sostituire gli uomini che erano andati in guerra.

Dopo la guerra, la Silent Generation entrò in un periodo di prosperità economica. Il boom del dopoguerra vide l'ascesa della classe media e molti membri della Silent Generation poterono raggiungere un livello di stabilità finanziaria che i loro genitori non avevano mai conosciuto. Questa stabilità economica diede loro l'opportunità di mettere su famiglia, comprare casa e inseguire i propri sogni.

Tuttavia, la Silent Generation è stata anche plasmata dai cambiamenti sociali e politici dell'epoca.

Il movimento per i diritti civili, la guerra fredda e la guerra del Vietnam hanno avuto un profondo impatto sulla loro visione del mondo. La Generazione silenziosa è cresciuta in un'epoca in cui la segregazione era la norma e ha assistito in prima persona alla lotta per i diritti civili. Sono anche diventati maggiorenni durante la Guerra Fredda, quando la minaccia di una guerra nucleare incombeva e molti di loro hanno protestato contro la guerra del Vietnam.

Nonostante queste sfide, la Silent Generation è spesso caratterizzata da un senso di conformità e deferenza nei confronti dell'autorità. È stato insegnato loro a rispettare gli anziani e le figure autoritarie e a conformarsi alle norme sociali. Questa tendenza al conformismo ha portato alcuni a descrivere la Generazione silenziosa come "avversa al rischio" e "prudente".

In termini di contributi alla società americana, la Silent Generation ha dato un contributo significativo in campi come la scienza, la tecnologia e le arti. Questa generazione comprende luminari come Neil Armstrong, Elvis Presley e Martin Luther King Jr. Ha inoltre svolto un ruolo significativo nel plasmare la politica americana, con membri di spicco come Jimmy Carter e John McCain.

Guardando al futuro, i valori di duro lavoro, dovere e conformità della Silent Generation hanno implicazioni per il futuro dell'America. Quando andranno in pensione e passeranno a miglior vita, la loro influenza si farà sentire nei valori che hanno instillato nei loro figli e nipoti. La Silent Generation ha svolto un ruolo fondamentale nel plasmare la storia dell'America e la sua eredità continuerà a plasmare il suo futuro.

Questa generazione è cresciuta durante alcuni dei periodi più difficili della storia americana, come la Grande Depressione e la Seconda Guerra Mondiale. Le loro esperienze hanno plasmato i loro valori e atteggiamenti verso il lavoro, la famiglia e la politica, e il loro contributo alla società americana è stato significativo. Sebbene siano spesso messi in ombra dalla Greatest Generation e dai Baby Boomers, la Silent Generation ha svolto un ruolo fondamentale nel plasmare il futuro dell'America e la loro influenza si farà sentire per le generazioni a venire.

Sulla base dei miei studi, questa è una panoramica dell'impatto che la Silent Generation ha avuto sul lavoro, sulla mentalità, sulle aspettative di vita, sui viaggi e sulla medicina.

A. Il lavoro: Il forte senso del dovere e l'etica del lavoro della Silent Generation hanno contribuito al boom economico dell'America del dopoguerra. Molti membri della Silent Generation hanno intrapreso carriere stabili e durature, spesso con un'unica azienda. L'impegno di questa generazione per il duro lavoro e la lealtà ha contribuito a gettare le basi per la prosperità futura.

B. Mentalità: Il conformismo e la deferenza verso l'autorità della Silent Generation hanno contribuito a mantenere un senso di stabilità e ordine nell'America del dopoguerra. Tuttavia, questa mentalità contribuì anche alla mancanza di domande e alla resistenza ai cambiamenti sociali e politici, che sarebbero diventati una caratteristica distintiva delle generazioni successive.

C. Aspettative di vita: La Silent Generation ha sperimentato miglioramenti significativi nell'aspettativa e nella qualità della vita grazie ai progressi della medicina e dell'assistenza sanitaria. Questo, unito al boom economico del dopoguerra, ha contribuito a creare un senso di ottimismo e prosperità per questa generazione.

D. Viaggiare: Sebbene i viaggi non fossero così accessibili o popolari durante i primi anni della Silent Generation, i progressi nella tecnologia e nelle infrastrutture di trasporto durante la loro vita hanno contribuito a rendere i viaggi più accessibili e convenienti. Questo, unito al loro senso del dovere di esplorare il mondo e fare nuove esperienze, ha contribuito a spianare la strada all'amore per i viaggi delle generazioni future.

E. Medicina: La Silent Generation è stata testimone di incredibili progressi nel campo della medicina, tra cui lo sviluppo di antibiotici e vaccini, che hanno contribuito a salvare innumerevoli vite e a migliorare i risultati complessivi della salute. Questo, unito al loro senso del dovere e della responsabilità, ha contribuito a creare una solida base per i futuri progressi nella ricerca e nell'assistenza medica.

La Silent Generation è cresciuta in un periodo di grandi sconvolgimenti sociali ed economici e le sue esperienze hanno contribuito a plasmare i suoi valori e le sue convinzioni. In questa sezione discuteremo alcuni dei cambiamenti più significativi che la Silent Generation ha portato in America.

Crescita economica e prosperità:
La Silent Generation è diventata maggiorenne in un periodo di crescita economica e prosperità senza precedenti in America. Il boom del dopoguerra creò nuove opportunità di lavoro e di accumulo di ricchezza, che la Generazione silenziosa fu in grado di sfruttare. L'economia era in rapida espansione e la Generazione silenziosa poté godere dei benefici di questa crescita.

Movimento per i diritti civili:
La S.G. ha avuto un ruolo significativo anche nel movimento per i diritti civili. Questa generazione è stata testimone della lotta per la parità di diritti degli afroamericani e di altre minoranze e ha lavorato per fare la differenza. Sono stati loro a marciare per la desegregazione, i diritti degli elettori e le pari opportunità. La Generazione silenziosa ha contribuito a gettare le basi del movimento per i diritti civili che sarebbe proseguito fino agli anni Sessanta.

Progressi tecnologici:
E, naturalmente, questa generazione è stata testimone di alcuni dei più significativi progressi tecnologici del XX secolo. Hanno assistito all'avvento della televisione, allo sviluppo di Internet e alla crescita dell'industria informatica. Questi progressi tecnologici hanno trasformato il modo di vivere e di

lavorare delle persone e la Silent Generation ha contribuito a questi cambiamenti.

Cambiamenti culturali:
La Silent Generation è stata responsabile di alcuni significativi cambiamenti culturali in America. Sono stati loro ad abbracciare la musica rock and roll e a rendere popolare l'idea della cultura giovanile. Hanno sfidato i tradizionali ruoli di genere e hanno contribuito a spianare la strada al movimento femminista. Furono anche responsabili di una maggiore enfasi sull'individualismo e sull'espressione personale.

Cambiamenti nelle strutture familiari:
I S.G. hanno assistito a cambiamenti significativi nelle strutture familiari. Hanno vissuto l'ascesa della famiglia nucleare e il declino delle reti familiari allargate. Sono stati anche la prima generazione a vedere un aumento significativo dei tassi di divorzio, che ha avuto un profondo impatto sui bambini e sulle famiglie.

Tensioni della guerra fredda:
Queste "persone" sono cresciute durante l'apice della Guerra Fredda e le loro esperienze hanno plasmato il loro atteggiamento nei confronti della guerra e delle relazioni internazionali. Hanno assistito alla corsa agli armamenti tra Stati Uniti e Unione Sovietica, alla crisi dei missili di Cuba e alla guerra del Vietnam. Queste esperienze hanno influenzato il loro punto di vista sulla politica estera, sulla difesa e sulle relazioni internazionali.

Progressi in medicina:
Hanno anche assistito a progressi significativi nella tecnologia e nei trattamenti medici. Hanno assistito allo sviluppo degli antibiotici, all'introduzione dei vaccini e alla crescita della ricerca medica. Questi progressi medici hanno migliorato la qualità della vita di milioni di americani e hanno contribuito a ridurre l'impatto delle malattie infettive.

Questa generazione ha avuto un impatto significativo sull'America del dopoguerra. Sono stati testimoni di una crescita economica senza precedenti, di progressi tecnologici e di cambiamenti sociali e culturali. Hanno svolto un ruolo fondamentale nel movimento per i diritti civili e hanno contribuito a plasmare il panorama culturale e politico dell'America.

Le loro esperienze hanno anche contribuito a gettare le basi per le generazioni successive, tra cui i Baby Boomers, la Generazione X, i Millennials e la Gen Z.

L'eredità della Silent Generation è fatta di resilienza, duro lavoro e dedizione, e il loro impatto sull'America continuerà a farsi sentire per le generazioni a venire.

Il termine "generazione silenziosa" è stato coniato per descrivere un gruppo specifico di persone negli Stati Uniti, ma il suo impatto si è esteso oltre l'America e in altri Paesi.

Ecco alcuni dei modi in cui questa generazione ha influenzato il mondo:

Ricostruzione dopo la Seconda guerra mondiale:
La Silent Generation ha svolto un ruolo fondamentale nella ricostruzione dell'Europa e del Giappone dopo

la Seconda Guerra Mondiale. Sono stati loro a lavorare duramente per ricostruire case, infrastrutture ed economie, contribuendo a creare una nuova era di prosperità e stabilità in tutto il mondo.

Programmi di assistenza sociale: La Silent Generation ha avuto un ruolo significativo anche nella creazione di programmi di assistenza sociale che hanno contribuito a fornire sostegno agli anziani, ai malati e ai poveri. In questo periodo sono stati istituiti programmi come Social Security e Medicare, che hanno contribuito a fornire una rete di sicurezza a milioni di persone.

Ambientalismo: La Silent Generation ha anche contribuito a sensibilizzare l'opinione pubblica sui problemi ambientali e sulla necessità di conservazione. Ciò ha portato alla creazione dell'Agenzia per la protezione dell'ambiente (EPA) negli Stati Uniti e di altre normative ambientali in tutto il mondo.

Diritti civili: Il Movimento per i diritti civili è stato un altro importante movimento sociale guidato da membri della Silent Generation. Essi hanno svolto un ruolo significativo nel porre fine alla segregazione e alla discriminazione degli afroamericani, aprendo la strada a una maggiore uguaglianza e giustizia sociale negli Stati Uniti e nel mondo.

Letteratura e arte: I membri della Silent Generation hanno avuto un impatto significativo anche sulla letteratura e sulle arti. Molti degli scrittori e artisti più influenti del XX secolo, come Allen Ginsberg, Jack

Kerouac e Robert Rauschenberg, appartenevano a questa generazione.

È difficile stabilire con esattezza quando altri Paesi abbiano iniziato a usare il termine "generazione silenziosa", ma è probabile che questo termine sia stato adottato in altri Paesi poco dopo la sua diffusione negli Stati Uniti. L'impatto di questa generazione si è fatto sentire in tutto il mondo in vari modi e continuerà a farsi sentire per molti anni a venire.

BABY BOOMERS

Il termine "Baby Boomers" è stato coniato da Landon Jones, scrittore ed editore americano, in un articolo del 1980 sulla rivista Time. Jones è nato nel 1942 e fa quindi parte della generazione dei Baby Boomer. Nel 1980, Jones scrisse un articolo per la rivista Time intitolato "The Year of the Baby Boomer" (L'anno del Baby Boomer), in cui usava il termine per descrivere la grande coorte di americani nati tra il 1946 e il 1964. Il termine ha preso rapidamente piede e da allora è diventato un modo ampiamente riconosciuto di riferirsi a questa generazione.

Nel suo articolo, Jones ha sottolineato che i Baby Boomers sono una generazione che sta "cambiando le regole" della società americana. Ha citato il loro impatto sull'economia, sulla politica e sulla cultura e ha suggerito che il loro numero era una forza trainante della loro influenza. Jones ha anche osservato che i Baby Boomers erano un gruppo eterogeneo, con una vasta gamma di valori, credenze e atteggiamenti, ma ha sostenuto che condividevano un comune senso di idealismo e il desiderio di fare la differenza nel mondo.

I Baby Boomers sono la generazione nata tra il 1946 e il 1964, dopo la fine della Seconda Guerra Mondiale. Rappresentano un cambiamento demografico significativo nella società americana, con circa 76 milioni di persone nate in questo periodo. Il termine "baby boom" è stato coniato a causa del significativo aumento dei tassi di natalità durante questo periodo, attribuito in gran parte al ritorno dei soldati dalla guerra e al forte boom economico del dopoguerra.

Contesto storico:
La generazione dei Baby Boomer è cresciuta in un periodo di prosperità economica e di cambiamenti sociali. Dopo la Seconda Guerra Mondiale, l'America ha vissuto un boom economico senza precedenti che è durato fino agli anni Sessanta. Questo periodo di prosperità ha contribuito a creare una forte classe media e ha offerto a molti Baby Boomers l'opportunità di perseguire un'istruzione superiore e una carriera professionale.

Gli anni '60 e '70 sono stati un periodo di significativi cambiamenti sociali e culturali, segnati dal movimento per i diritti civili, dal movimento per i diritti delle donne e dal movimento della controcultura. I Baby Boomers sono stati in prima linea in molti di questi movimenti, sostenendo la giustizia sociale, l'uguaglianza e la libertà individuale.

Caratteristiche:

I Baby Boomers sono spesso caratterizzati come idealisti, ambiziosi e individualisti. Sono cresciuti in un'epoca di prosperità e opportunità, che ha instillato in loro la convinzione che tutto fosse possibile. Apprezzano la crescita personale e l'espressione di sé e spesso danno priorità alle proprie esigenze rispetto a quelle del gruppo.

Lavoro:

I Baby Boomers sono noti per la loro forte etica del lavoro e la dedizione alla carriera. Molti di loro hanno cercato lavori ben pagati in settori come la finanza, la legge e la medicina, e sono stati disposti a lavorare a lungo per raggiungere il successo. Apprezzavano anche la sicurezza del posto di lavoro e spesso rimanevano in un'unica azienda per lunghi periodi di tempo.

Famiglia:

La generazione dei Baby Boomer ha assistito a cambiamenti significativi nella struttura e nelle dinamiche familiari. Il tasso di divorzio è aumentato durante questo periodo e molti Baby Boomers sono cresciuti in famiglie monoparentali. Tuttavia, hanno anche attribuito un grande valore alla famiglia e si sono impegnati a fornire ai propri figli un ambiente stabile e accogliente.

Politica:

I Baby Boomers sono stati profondamente coinvolti nella politica, sia come attivisti che come elettori. Sono stati in prima linea in molti movimenti sociali e politici, sostenendo i diritti civili, i diritti delle donne e la tutela dell'ambiente. Hanno anche avuto un impatto significativo sulla politica americana, con molti Baby Boomers che occupano posizioni di potere nel governo e nelle aziende.

Impatto:
I Baby Boomers hanno avuto un impatto significativo sulla società, sulla cultura e sulla politica americana. Il loro idealismo e il loro impegno per la crescita personale hanno contribuito a formare il movimento della controcultura e hanno portato a significativi cambiamenti sociali e culturali. Hanno inoltre contribuito a creare una forte classe media e a creare nuove opportunità per le generazioni future.

Tuttavia, la loro mentalità individualista ha anche contribuito a creare un senso di diritto e una mancanza di preoccupazione per i bisogni del gruppo. Questo, unito al loro numero elevato e al loro potere politico, ha contribuito a creare un senso di stallo e polarizzazione nella politica americana.

I Baby Boomers, nati tra il 1946 e il 1964, hanno avuto un profondo impatto sull'America e sul mondo. Questa generazione ha vissuto molti eventi storici, tra cui il movimento per i diritti civili, la guerra del Vietnam, l'ascesa del femminismo e l'emergere di nuove tecnologie, che hanno influenzato i loro valori e plasmato il loro impatto sulla società.

Uno dei cambiamenti più significativi che i Baby Boomers hanno portato in America è stata l'ascesa del movimento della controcultura negli anni Sessanta.

Questo movimento ha messo in discussione le norme e i valori sociali tradizionali, compresi i ruoli di genere, la liberazione sessuale e i diritti civili. I Baby Boomers hanno svolto un ruolo significativo in questi movimenti, sostenendo il cambiamento e plasmando il paesaggio culturale del Paese.

Un altro impatto significativo dei Baby Boomers è stato il loro effetto sull'economia. Quando questa generazione ha iniziato a entrare nella forza lavoro negli anni '70 e '80, ha chiesto salari più alti e migliori condizioni di lavoro, il che ha portato a un periodo di crescita economica e prosperità. I Baby Boomers hanno avuto un impatto significativo anche sul comportamento dei consumatori, essendo diventati una delle più grandi generazioni di consumatori della storia.

Inoltre, i Baby Boomers hanno svolto un ruolo significativo nel plasmare la politica e le politiche governative. Questa generazione era profondamente divisa su molte questioni, tra cui la guerra del Vietnam, i diritti civili e il femminismo, il che ha portato a un ambiente politico molto carico. I Baby Boomers hanno anche influenzato le politiche governative su temi quali l'assistenza sanitaria, la sicurezza sociale e l'ambiente.

I Baby Boomers hanno avuto un impatto significativo anche sulla tecnologia, in quanto hanno assistito alla nascita dei personal computer, di Internet e dei social media. Questa generazione ha abbracciato le nuove tecnologie ed è stata determinante per il loro sviluppo e la loro adozione, che hanno trasformato la comunicazione e la condivisione delle informazioni.

In termini di impatto sulla famiglia e sulle relazioni, i Baby Boomers sono noti per aver sfidato i ruoli e le norme tradizionali. Sono stati la prima generazione ad abbracciare il divorzio e la paternità singola, il che ha portato a cambiamenti significativi nelle dinamiche familiari e allo stigma sociale associato a questi temi.

Infine, anche i Baby Boomers hanno avuto un impatto significativo sull'ambiente. Quando questa generazione è diventata politicamente più attiva, ha spinto per una maggiore protezione dell'ambiente e per la sostenibilità. Ciò ha portato alla creazione dell'Agenzia per la protezione dell'ambiente e a significative azioni governative su questioni come l'inquinamento dell'aria e dell'acqua, il cambiamento climatico e la conservazione delle aree selvagge.

I Baby Boomers hanno avuto un profondo impatto sull'America e sul mondo, plasmando le dinamiche sociali, culturali, economiche, politiche, tecnologiche, ambientali e familiari. La loro influenza continuerà a farsi sentire per le generazioni a venire, poiché hanno plasmato il corso della storia in innumerevoli modi.

Il termine "Baby Boomers" è stato adottato anche in altri Paesi per descrivere la generazione successiva alla Seconda Guerra Mondiale. Tuttavia, l'impatto dei Baby Boomers al di fuori dell'America può variare notevolmente a seconda del Paese specifico e della sua storia.

Nei Paesi che hanno vissuto un'analoga impennata demografica nel dopoguerra, come Canada, Australia e Regno Unito, la generazione dei Baby Boomer ha avuto un impatto significativo sulla società e sulla cultura. Questi Paesi hanno visto anche un aumento della prosperità economica e del consumismo durante gli anni '60 e '70, quando i Baby Boomers sono diventati maggiorenni e sono entrati nella forza lavoro.

In Giappone, la generazione dei Baby Boomer è conosciuta come "kohai sedai" (後輩世代), o "generazione junior". Questa generazione è stata fortemente influenzata dalla cultura americana e ha assistito a una significativa crescita economica e alla modernizzazione del Giappone negli anni Sessanta e Settanta.

Nei Paesi che non hanno vissuto il baby boom del dopoguerra, l'impatto della generazione dei Baby Boomer può essere meno pronunciato. Tuttavia, la loro influenza può ancora essere avvertita in tendenze globali come l'ascesa della musica rock and roll, lo sviluppo della cultura giovanile e la spinta al cambiamento sociale e politico.

È difficile stabilire con esattezza la data in cui altri Paesi hanno iniziato ad adottare il termine "Baby Boomers", poiché è probabile che ciò sia avvenuto gradualmente nel corso del tempo, man mano che la tendenza demografica veniva riconosciuta. Tuttavia, il termine è stato utilizzato nei media popolari e nella ricerca accademica in tutto il mondo almeno dagli anni Settanta.

Nel complesso, la generazione dei Baby Boomer ha avuto un impatto significativo sul mondo, sia in America che altrove. Il loro numero e la loro influenza culturale hanno plasmato tutto, dalla musica popolare alla moda, fino ai movimenti sociali e politici. Con l'invecchiamento e l'ingresso in pensione di questa generazione, il loro impatto sulla società continuerà probabilmente a farsi sentire per gli anni a venire.

I Baby Boomers rappresentano un cambiamento demografico significativo nella società americana: il loro idealismo e il loro impegno per la crescita personale hanno dato forma al movimento della controcultura e hanno portato a significativi cambiamenti sociali e culturali.

Tuttavia, la loro mentalità individualista ha anche contribuito a creare un senso di diritto e una mancanza di preoccupazione per i bisogni del gruppo. Con l'invecchiamento e il pensionamento, il loro impatto sulla società e sulla politica americana continuerà a farsi sentire negli anni a venire.

GENERAZIONE X

Il termine "Generazione X" è stato reso popolare da un libro di Douglas Coupland intitolato "Generazione X: racconti per una cultura accelerata", pubblicato nel 1991. Coupland ha usato questo termine per descrivere la generazione di persone nate tra i primi anni '60 e i primi anni '80, che stavano diventando maggiorenni in un mondo in rapida evoluzione. Tuttavia, il termine era già stato usato dal fotografo Robert Capa all'inizio degli anni Cinquanta per descrivere i giovani europei che vivevano all'indomani della Seconda guerra mondiale.

È stato solo con il libro di Coupland che il termine è diventato ampiamente noto e associato alla generazione nata negli anni '60 e '70. "Generazione X: racconti per una cultura accelerata" è un romanzo dell'autore canadese Douglas Coupland, pubblicato per la prima volta nel 1991. Il libro è una serie di storie collegate tra loro che seguono le vite di tre amici poco più che ventenni - Dag, Andy e Claire - mentre attraversano la vita tra la fine degli anni Ottanta e l'inizio degli anni Novanta. Il libro esplora i temi della disillusione, dell'ennui e della disconnessione, che erano esperienze comuni tra i giovani dell'epoca.

Il libro ha ricevuto recensioni contrastanti al momento dell'uscita, con alcuni critici che lo hanno giudicato superficiale e autoindulgente, mentre altri lo hanno lodato per la sua arguzia e la sua comprensione della cultura dell'epoca. Tuttavia, nel corso del tempo, il libro è stato considerato un'opera emblematica della sua epoca ed è ampiamente accreditato per aver reso popolare il termine "Generazione X".

Dalla sua pubblicazione, il libro ha dato vita a numerose imitazioni e parodie, nonché a un sottogenere di narrativa noto come "slacker lit", spesso incentrato sulla vita di giovani disaffezionati.

La Generazione X è spesso definita la generazione "dimenticata", in quanto è cresciuta in un periodo di relativa calma tra due grandi eventi: la guerra del Vietnam e gli attacchi terroristici dell'11 settembre. Questa generazione è nata all'incirca tra la metà degli anni Sessanta e l'inizio degli anni Ottanta ed è cresciuta in un periodo di incertezza economica, disillusione politica e cambiamenti sociali.

Negli anni '70 e '80 l'America ha vissuto un allontanamento dai valori e dalle strutture sociali tradizionali. È l'epoca del movimento per i diritti civili, della rivoluzione sessuale e del movimento femminista, che ha avuto un profondo impatto sulla Generazione X. Molti di loro sono cresciuti in famiglie disastrate, con genitori divorziati o single, e spesso sono stati abbandonati a se stessi.

Anche le condizioni economiche dell'epoca erano difficili, con tassi di inflazione e disoccupazione elevati. Molti membri della Gen X sono entrati nel mondo del lavoro durante un periodo di recessione, il che ha reso difficile per loro stabilirsi in una carriera stabile. Questo ha portato a un senso di indipendenza e di autosufficienza, in quanto sono stati costretti a trovare modi creativi per mantenersi.

Una caratteristica che definisce la Generazione X è lo scetticismo e la diffidenza nei confronti delle istituzioni, compresi il governo, le aziende e i media. Ciò è dovuto in parte alla disillusione che è scaturita dal Watergate e da altri scandali politici dell'epoca, nonché all'ascesa del consumismo e alla sensazione che la società si sia concentrata troppo sui beni materiali.

Nonostante queste sfide, la Generazione X ha dimostrato anche un forte spirito imprenditoriale, con molti di loro che hanno avviato un'attività in proprio o perseguito percorsi di carriera non tradizionali. Ciò è dovuto in parte all'influenza del boom tecnologico della Silicon Valley, che ha offerto nuove opportunità di innovazione e di rottura.

In termini di famiglia e relazioni, la Generazione X è spesso considerata più indipendente e meno tradizionale rispetto alle generazioni precedenti. È più probabile che ritardino il matrimonio e l'educazione dei figli e attribuiscono un valore elevato all'equilibrio tra lavoro e vita privata e alla realizzazione personale.

Nel complesso, la Generazione X è una generazione complessa e sfaccettata, plasmata dalle forze sociali, economiche e politiche del suo tempo. I loro atteggiamenti verso il lavoro, la famiglia e la politica riflettono le loro esperienze di crescita in un periodo di grandi cambiamenti e incertezze, e continueranno a plasmare il futuro dell'America in modi unici e inaspettati.

La Generazione X ha avuto un impatto significativo sulla società americana. Ecco alcuni dei modi in cui hanno contribuito all'evoluzione sociale e culturale:

Progressi tecnologici: La Generazione X è stata la prima a crescere con i personal computer e Internet. Ha svolto un ruolo significativo nel guidare la rivoluzione tecnologica degli anni '80 e '90, che ha trasformato la comunicazione, il commercio e l'intrattenimento.

Cultura alternativa: La generazione X ha abbracciato la musica, la moda e gli stili di vita alternativi che sfidavano le norme tradizionali. Sono stati associati all'ascesa della musica punk, grunge e hip-hop, nonché alla popolarità di film indipendenti, graphic novel e fumetti.

Spirito imprenditoriale: La Generazione X è cresciuta in un'epoca di incertezza economica e ha assistito al declino delle industrie tradizionali. Di conseguenza, molti membri di questa generazione hanno sviluppato uno spirito imprenditoriale e hanno cercato di creare le proprie aziende o di intraprendere carriere da freelance.

Diversità e inclusione: La generazione X è stata la prima a crescere in una società più diversificata e inclusiva. Sono stati esposti a una gamma più ampia di culture, religioni e stili di vita, che hanno influenzato i loro valori e le loro convinzioni. Sono anche più propensi a sostenere cause progressiste come i diritti degli omosessuali, l'uguaglianza razziale e l'ambientalismo.

Equilibrio tra lavoro e vita privata: La generazione X è stata la prima a dare priorità all'equilibrio tra lavoro e vita privata, cercando carriere che permettessero loro di perseguire interessi personali e di trascorrere del tempo con le proprie famiglie. Hanno anche spinto per una maggiore flessibilità sul posto di lavoro, come il telelavoro e il job-sharing.

Attivismo politico: I Gen X sono noti per il loro scetticismo e cinismo nei confronti delle istituzioni politiche tradizionali. Tuttavia, hanno anche svolto un ruolo significativo nell'attivismo politico, in particolare nei settori dell'ambientalismo e dei diritti umani.

La Generazione X ha contribuito all'evoluzione della società americana abbracciando i progressi tecnologici, sfidando le norme tradizionali, promuovendo la diversità e l'inclusione, dando priorità all'equilibrio tra lavoro e vita privata e impegnandosi nell'attivismo politico. Il loro impatto continua a plasmare il panorama culturale e sociale degli Stati Uniti.

Il termine "Generazione X" è nato negli Stati Uniti, ma la sua influenza si è estesa oltre i confini americani. L'impatto di questa generazione si è fatto sentire in diversi ambiti, tra cui la cultura, gli affari, la politica e la tecnologia.

In termini di cultura, la Generazione X ha avuto un ruolo significativo nel plasmare la musica popolare, la moda e il cinema durante gli anni Ottanta e Novanta. Questa generazione ha abbracciato un'etica DIY (do-it-yourself) e un senso di individualismo, che si è riflesso nell'ascesa della musica alternativa, della moda grunge e del cinema indipendente. La Generazione X è cresciuta anche con l'emergere dei videogiochi, che da allora sono diventati un'industria globale.

In ambito lavorativo, la Generazione X è stata la prima ad essere cresciuta nell'era digitale e molti membri di questa generazione hanno adottato per primi le nuove tecnologie, come i personal computer e Internet. Questa competenza digitale ha dato ai membri della Generazione X un vantaggio sul posto di lavoro moderno, dove la tecnologia svolge un ruolo sempre più importante.

Dal punto di vista politico, la Generazione X è cresciuta in un periodo di conservatorismo politico negli Stati Uniti e molti membri di questa generazione hanno sviluppato un sano scetticismo nei confronti dell'autorità e delle istituzioni tradizionali. Questo scetticismo ha influenzato il discorso politico negli Stati Uniti e non solo, portando a concentrarsi sull'individualismo, sulla fiducia in se stessi e sull'imprenditorialità.

Al di fuori degli Stati Uniti, la Generazione X ha avuto un impatto significativo in Paesi come Canada,

Australia e Regno Unito. In Canada, i giovani della Generazione X hanno avuto un notevole impatto sull'industria dell'arte e dell'intrattenimento, mentre in Australia hanno avuto il merito di rivitalizzare l'economia grazie al loro spirito imprenditoriale. Nel Regno Unito, i Gen X hanno svolto un ruolo chiave nel plasmare il discorso politico e i valori sociali.

L'impatto della Generazione X si è fatto sentire in tutto il mondo, in particolare in settori come la tecnologia, l'economia e la cultura. Sebbene questa generazione non abbia ricevuto lo stesso livello di attenzione dei Baby Boomers o dei Millennials, i suoi contributi sono stati significativi e continuano a plasmare il mondo in cui viviamo oggi.

"The Cultural Contradictions That Have Crippled Gen X" è un articolo scritto da Paul Taylor e pubblicato su The Atlantic nel 2014. Nell'articolo, Taylor sostiene che la Generazione X ha affrontato sfide uniche e contraddizioni culturali che hanno avuto un impatto significativo sulle loro vite e carriere.

Taylor fa notare che la Generazione X è spesso trascurata o liquidata come una generazione "perduta", in mezzo ai Baby Boomers e ai Millennials. Egli osserva che la generazione X è cresciuta in un'epoca di sconvolgimenti economici e cambiamenti sociali, che hanno portato a un senso di cinismo e scetticismo nei confronti delle istituzioni e dell'autorità. Questo scetticismo, unito al desiderio di autenticità e autonomia, ha reso difficile per i Gen X trovare un posto in una società che spesso valorizza il conformismo e l'obbedienza.

Taylor parla anche dell'impatto della tecnologia sulla generazione X, osservando che, pur essendo nativi digitali, sono anche l'ultima generazione a ricordare la vita prima di Internet. Questo ha creato una tensione tra il desiderio di connessione e il bisogno di privacy e autonomia. Nel complesso, l'articolo sostiene che le contraddizioni culturali che hanno plasmato la generazione X hanno avuto un profondo impatto sulle loro vite e continueranno a plasmare il loro futuro.

Ci sono molti ottimi articoli e libri che parlano della Generazione X.
Ecco alcuni esempi:

"Generazione X: racconti per una cultura accelerata" di Douglas Coupland - Questo romanzo è spesso accreditato per aver reso popolare il termine "Generazione X" e ritrae le esperienze di un gruppo di giovani adulti che lottano per trovare il loro posto nel mondo.

"Il decennio decisivo: Why Your Twenties Matter-- And How to Make the Most of Them Now" di Meg Jay - Questo libro esplora le sfide che affrontano i giovani adulti nei loro 20 anni e offre consigli pratici per navigare in questa fase della vita. Tratta anche le esperienze specifiche della coorte della Generazione X.

"Generation X Goes Global: Mapping a Youth Culture in Motion" a cura di Christine Henseler - Questo libro esamina i modi in cui la Generazione X ha influenzato la cultura globale e presenta saggi di studiosi e critici culturali di tutto il mondo.

"Generation X: Americans Born 1965 to 1976" di Paul Taylor - Questo rapporto del Pew Research Center fornisce dati statistici e analisi della coorte della Generazione X, compresi gli atteggiamenti politici e sociali, la situazione economica e le dinamiche familiari.

"L'esperienza della generazione X: Growing Up and Living in the Shadow of the Boom" a cura di Jen Abbas - Questa antologia presenta saggi personali di membri della coorte della Generazione X ed esplora i modi in cui le loro esperienze sono state modellate dal loro unico contesto storico e culturale.

"Generazione X Rocks: Contemporary Peninsular Fiction, Film, and Rock Culture" di Ivy A. Corfis - Questo libro esamina l'influenza della musica rock sulla Generazione X e il suo impatto sulla letteratura e sul cinema spagnolo e latinoamericano contemporaneo.

"Gli ultimi giorni della discoteca: Why the 70s Still Matter" di James Wolcott - Questo saggio riflette sull'eredità culturale dei Baby Boomers e sull'influenza dei loro artefatti culturali sulla Generazione X e sulle generazioni successive.

Barack Obama: Nato nel 1961, Obama è stato il 44°
Presidente degli Stati Uniti dal 2009 al 2017. È il
primo afroamericano a ricoprire la presidenza e a lui
si deve l'introduzione di numerose politiche che
hanno avuto un impatto significativo sull'America e
sul mondo, tra cui l'Affordable Care Act
(Obamacare), il Dodd-Frank Wall Street Reform and
Consumer Protection Act e l'Accordo di Parigi sui
cambiamenti climatici.

Elon Musk: nato nel 1971, Musk è un imprenditore,
inventore e ingegnere. È il fondatore e CEO di
SpaceX, Tesla, Neuralink e The Boring Company. È
noto per le sue idee innovative nei settori
dell'esplorazione spaziale, delle energie rinnovabili e
dei trasporti.

Jeff Bezos: nato nel 1964, Bezos è il fondatore e
CEO di Amazon, uno dei maggiori rivenditori online
al mondo. Ha svolto un ruolo significativo nella
crescita dell'e-commerce e ha rivoluzionato il settore
della vendita al dettaglio con l'innovativo modello
commerciale della sua azienda.

Serena Williams: nata nel 1981, la Williams è una
tennista professionista che ha vinto 23 titoli del
Grande Slam in singolare, diventando così la
giocatrice più vincente dell'Era Open. È stata anche
una sostenitrice dei diritti delle donne e ha parlato di
questioni come la disparità di retribuzione nello sport.

Lin-Manuel Miranda: Nato nel 1980, Miranda è un
compositore, paroliere, attore e drammaturgo. È noto
soprattutto per aver creato i musical di successo

Hamilton e In the Heights. È stato riconosciuto per il suo contributo al teatro e ha vinto diversi premi, tra cui il Premio Pulitzer per la drammaturgia.

Sheryl Sandberg: Nata nel 1969, Sandberg è una dirigente d'azienda e autrice. È il direttore operativo (COO) di Facebook e si è espressa a favore della parità di genere sul posto di lavoro. È autrice di diversi libri, tra cui Lean In: Women, Work, and the Will to Lead.

Ai Weiwei - Nato in Cina, Ai Weiwei è un artista e attivista contemporaneo, noto per i commenti sociali e politici contenuti nelle sue opere. Ha usato la sua arte per affrontare questioni come la corruzione del governo e le violazioni dei diritti umani.

David Beckham - Nato in Inghilterra, Beckham è un ex calciatore professionista che ha avuto un impatto significativo su questo sport sia dentro che fuori dal campo. È considerato uno dei più grandi giocatori della sua generazione ed è stato coinvolto in numerose iniziative filantropiche e commerciali.

Angela Merkel - Nata in Germania, Merkel è un politico che ha ricoperto la carica di Cancelliere della Germania dal 2005 al 2021. È nota per la sua leadership durante la crisi del debito europeo e la crisi dei rifugiati siriani, nonché per il suo impegno a favore del cambiamento climatico e delle energie rinnovabili.

Jacinda Ardern (1980-) - Primo ministro della Nuova Zelanda dal 2017, Ardern è la più giovane donna leader al mondo e si è guadagnata l'attenzione internazionale per il suo stile di leadership compassionevole e progressista. Sotto la sua guida, la Nuova Zelanda ha attuato diverse politiche significative, come il divieto delle armi d'assalto e la fornitura gratuita di prodotti mestruali nelle scuole.

Emmanuel Macron (1977-) - attuale Presidente della Francia, Macron è stato determinante nel riformare l'economia e il sistema politico francese. È stato anche una voce di spicco nella promozione dell'unità europea e nella lotta al cambiamento climatico.

Banksy (nato nel 1974) - Artista di strada e attivista politico inglese la cui identità rimane sconosciuta. Le opere di Banksy contengono spesso commenti sociali e critiche al capitalismo, al consumismo e alla guerra. Le sue opere sono state esposte in tutto il mondo e vendute per milioni di dollari.

MILLENIALS O GENERAZIONE Y

Come ho già detto, il termine "Millennials" è stato coniato dagli autori William Strauss e Neil Howe nel loro libro del 1991 "Generations: The History of America's Future, 1584 to 2069". Il libro esplora i modelli ciclici di atteggiamenti e comportamenti generazionali nella storia americana.

Strauss e Howe hanno usato il termine "Millennials" per descrivere la generazione nata tra il 1982 e il 2004, che sarebbe diventata maggiorenne a cavallo del nuovo millennio. Il termine fa riferimento al nuovo millennio e ai significativi cambiamenti culturali, sociali e tecnologici che questa generazione avrebbe vissuto.

Gli autori hanno osservato che i Millennial sono stati plasmati dai cambiamenti culturali degli anni '90, tra cui l'ascesa di Internet e la globalizzazione. Hanno inoltre descritto i Millennial come una generazione altamente diversificata, con una forte attenzione alla comunità, alla collaborazione e alla giustizia sociale.

Dopo la pubblicazione di "Generazioni", il termine "Millennials" è diventato ampiamente utilizzato nella cultura popolare e nel mondo accademico per descrivere questa coorte di giovani.

I Millennial, noti anche come Generazione Y, sono nati tra il 1981 e il 1996. Sono diventati maggiorenni in un periodo di rapidi cambiamenti tecnologici, turbolenze economiche e interconnessione globale. Molti Millennials sono stati cresciuti da genitori Baby Boomer che hanno instillato in loro un senso di ottimismo, autostima e desiderio di realizzazione personale.

I Millennial sono la generazione più eterogenea della storia americana, con una percentuale di minoranze e di persone nate all'estero superiore a quella di qualsiasi altra generazione precedente. Sono anche la generazione più istruita, con un numero di persone che frequentano l'università superiore a qualsiasi altra coorte. Ciò ha portato a una maggiore enfasi sul lavoro della conoscenza, sull'imprenditorialità e sull'innovazione, in quanto i Millennial cercano di creare i propri percorsi e di definire il successo alle proprie condizioni.

Allo stesso tempo, i Millennial si trovano ad affrontare sfide importanti, come l'aumento del debito studentesco, le limitate opportunità di lavoro e la crescente disuguaglianza di reddito. Inoltre, sono diventati maggiorenni in un periodo di instabilità globale, segnato da attacchi terroristici, disastri naturali e dalla Grande Recessione del 2008.

Nonostante queste sfide, i Millennial hanno dimostrato un forte impegno per la giustizia sociale, la sostenibilità ambientale e il coinvolgimento della comunità. Rispetto alle generazioni precedenti, sono più propensi a fare volontariato, donare in beneficenza e impegnarsi nell'attivismo politico. Sono noti anche per la loro fluidità digitale, l'abitudine ai social media e la preferenza per la tecnologia mobile.

In termini di lavoro, i Millennial danno priorità alla flessibilità, all'equilibrio tra vita privata e lavoro e al lavoro significativo rispetto alle misure tradizionali di successo come lo stipendio e lo status. Apprezzano la collaborazione e il feedback e tendono a lavorare bene in team. Sono anche più propensi a cambiare lavoro rispetto alle generazioni precedenti, perché cercano di trovare la giusta misura e di perseguire le loro passioni.

In termini di famiglia, i Millennial ritardano il matrimonio e l'educazione dei figli e sono più propensi a vivere con i genitori o con i coinquilini rispetto alle generazioni precedenti. Ciò è dovuto in parte a vincoli finanziari, ma riflette anche un desiderio di indipendenza e di esplorazione. Sono anche più propensi a dare priorità all'uguaglianza di genere e LGBTQ+ e a sostenere le politiche di conciliazione vita-lavoro e i congedi familiari.

Nel complesso, i Millennial sono una generazione caratterizzata da idealismo, diversità e adattabilità. Si trovano di fronte a sfide importanti, ma anche a grandi promesse per plasmare il futuro dell'America e del mondo.

Ecco alcuni potenziali impatti della generazione dei Millennial in ciascuna di queste aree:

A. Lavoro: La generazione dei Millennial ha posto una forte enfasi sull'equilibrio tra lavoro e vita privata, sulla flessibilità e sul lavoro significativo. Sono noti anche per aver cambiato lavoro più spesso delle generazioni precedenti, cercando opportunità che siano in linea con i loro valori e che offrano una crescita personale.

B. Mentalità: I Millennial sono stati caratterizzati come ottimisti, fiduciosi e collaborativi. Sono cresciuti con la tecnologia e tendono a sentirsi a proprio agio con il cambiamento e l'innovazione. Sono anche più propensi a dare priorità alle questioni sociali e ambientali.

C. Aspettative di vita: I Millennial hanno affrontato sfide economiche come gli alti livelli di debito studentesco e un mercato del lavoro difficile, che hanno portato a ritardare tappe fondamentali come il matrimonio e la proprietà di una casa. Tuttavia, sono generalmente ottimisti riguardo al loro futuro e vedono il potenziale per un cambiamento positivo nel mondo.

D. Viaggiare: I Millennial sono noti per dare più valore alle esperienze che ai beni materiali, e i viaggi sono stati una parte fondamentale di questa tendenza.

Sono più propensi a cercare esperienze uniche e autentiche e a dare priorità alla sostenibilità e all'immersione culturale nelle loro scelte di viaggio.

E. Medicina: Essendo la prima generazione cresciuta con un accesso diffuso a Internet, i Millennial sono stati proattivi nel cercare informazioni e risorse sanitarie online. Sono anche più propensi a dare priorità alla salute e al benessere mentale e a ricercare la medicina alternativa e gli approcci olistici all'assistenza sanitaria.

Ci sono molti articoli importanti che parlano della generazione dei Millennial o della Gen Y.
Ecco alcuni esempi:

"Millennials: The Me Me Me Generation" di Joel Stein, pubblicato sulla rivista Time nel 2013. L'articolo esplora lo stereotipo dei Millennials come aventi diritto ed egocentrici ed esamina come la loro educazione e il cambiamento del panorama culturale abbiano contribuito a questa percezione.

"Il bambino iperprotetto" di Hanna Rosin, pubblicato su The Atlantic nel 2014. L'articolo analizza come la tendenza dei genitori Millennial a proteggere e controllare i propri figli abbia portato a un declino del gioco libero e dell'esplorazione e come questo possa avere un impatto negativo sullo sviluppo dei bambini.

"Perché i millennial continuano a scaricarvi: An Open Letter to Management" di Rachel Bitte, pubblicato su Forbes nel 2016. L'articolo offre consigli ai datori di lavoro su come attrarre e trattenere i dipendenti dei Millennial, tra cui offrire opportunità di crescita e flessibilità e creare una cultura aziendale in linea con i valori dei Millennial.

"La generazione del burnout" di Anne Helen Petersen, pubblicato su Buzzfeed News nel 2019. Questo articolo esamina il fenomeno del burnout dei Millennial, esplorando come i fattori sociali ed economici abbiano contribuito a questo sentimento pervasivo di esaurimento e disillusione tra i giovani adulti.

"Il mito dell'imprenditore millenario" di Mark L. Rockefeller, pubblicato su Entrepreneur nel 2021. Questo articolo mette in discussione la narrazione popolare dei Millennial come generazione di imprenditori, sostenendo che la realtà è più sfumata e che le barriere sistemiche potrebbero impedire a molti giovani di avviare un'attività in proprio.

Mark Zuckerberg (1984) - Cofondatore e CEO di Facebook, una piattaforma che ha rivoluzionato il social networking e la comunicazione online.

Kylie Jenner (1997) - personaggio televisivo americano, imprenditrice e fondatrice di Kylie Cosmetics. Nel 2019, all'età di 21 anni, è diventata la più giovane miliardaria autoprodotta della storia.

Simone Biles (1997) - Ginnasta americana che ha vinto 30 medaglie olimpiche e mondiali, diventando la ginnasta più decorata di tutti i tempi.

Emma Watson (1990) - attrice e attivista britannica, nota soprattutto per il ruolo di Hermione Granger nella serie di film di Harry Potter. È anche ambasciatrice di buona volontà delle Nazioni Unite per le donne e una forte sostenitrice dei diritti delle donne.

Malala Yousafzai (1997) - attivista pakistana per l'istruzione femminile e la più giovane vincitrice del Premio Nobel. Sopravvissuta a un attentato talebano, da allora è diventata una sostenitrice globale dell'istruzione femminile.

Chance the Rapper (1993) - rapper, cantante e cantautore americano vincitore di diversi Grammy Awards e noto per il suo impegno filantropico nella sua città natale, Chicago.

Rihanna (1988) - Cantante, cantautrice, attrice e imprenditrice barbadiana. È una delle artiste musicali più vendute di tutti i tempi ed è stata riconosciuta anche per il suo lavoro umanitario.

Justin Bieber (1994) - Cantante, cantautore e attore canadese che ha raggiunto la popolarità grazie ai suoi video su YouTube e da allora è diventato uno degli artisti musicali più venduti di tutti i tempi.

Greta Thunberg (2003) - Attivista ambientale svedese che si è imposta all'attenzione internazionale per il suo sciopero scolastico a favore del movimento per il clima e per le sue critiche esplicite all'inazione dei leader mondiali sul cambiamento climatico.

Michael B. Jordan (1987) - attore e produttore americano che ha recitato in diversi film acclamati dalla critica, tra cui Black Panther e Creed, ed è stato riconosciuto per la sua difesa della diversità e della rappresentanza a Hollywood.

LA GENERAZIONE Z

Anche il termine "Generazione Z" è stato coniato per la prima volta da Strauss e Howe nel loro libro "Generations: The History of America's Future, 1584 to 2069" del 1991. Tuttavia, non è stato ampiamente utilizzato fino all'inizio degli anni 2010, quando questa generazione ha iniziato a diventare maggiorenne.

La Generazione Z è definita come quella dei nati tra il 1997 e il 2012 e rappresenta attualmente la generazione più giovane della società. A volte vengono definiti "nativi digitali" per la loro esposizione alla tecnologia fin dalla più tenera età, in particolare agli smartphone e ai social media.

La Generazione Z è cresciuta in un mondo plasmato da eventi come la crisi finanziaria globale, il cambiamento climatico e l'ascesa dei social media. Spesso si caratterizzano per essere socialmente consapevoli e molto attenti a questioni come la diversità, l'uguaglianza e la sostenibilità. Sono stati plasmati dall'esposizione a un'ampia gamma di questioni globali attraverso i social media e sono fortemente motivati ad avere un impatto positivo sul mondo. Questo attivismo è evidente nei vari movimenti sociali guidati dai giovani, come la Marcia per la vita contro la violenza delle armi nelle scuole e gli scioperi globali per il clima guidati dai giovani.

La Generazione Z è anche altamente imprenditoriale e molti cercano di avviare un'attività in proprio o di creare imprese sociali in linea con i loro valori. Sono molto creativi, spesso utilizzano la tecnologia per creare e condividere i propri contenuti e si trovano a loro agio con la gig economy e il lavoro freelance.

In termini di istruzione e aspirazioni di carriera, la Generazione Z tende a concentrarsi molto sulle competenze pratiche e sull'esperienza nel mondo reale. Apprezzano l'istruzione e lo sviluppo personale, ma sono anche interessati a trovare modi per fare esperienza e costruire il proprio curriculum al di fuori dei percorsi educativi tradizionali. Molti sono interessati a intraprendere carriere nei settori della tecnologia, della sanità e dell'impatto sociale.

Poiché i membri più anziani della Generazione Z sono appena entrati nell'età adulta, il loro impatto sul mondo è ancora in fase di sviluppo. Tuttavia, si possono già osservare alcune tendenze e aree di impatto degne di nota.

Dal punto di vista economico, la Generazione Z è caratterizzata dal rapporto con la tecnologia e i media digitali. È la prima generazione ad essere cresciuta con smartphone e social media come elementi onnipresenti nella propria vita. Come tali, sono altamente connessi e tendono a utilizzare la tecnologia per risolvere problemi e trovare informazioni. Questo ha portato alla nascita di nuovi settori e modelli di business, come l'influencer marketing e l'e-commerce.

Per quanto riguarda l'ambiente, la Generazione Z è caratterizzata dalle preoccupazioni per il cambiamento climatico e la sostenibilità. Cresciuti in un'epoca di crescente consapevolezza dell'impatto dell'attività umana sul pianeta, sono più propensi delle generazioni precedenti a dare priorità alla responsabilità ambientale e a sostenere l'azione sui cambiamenti climatici. Questo ha già portato alla nascita di nuove industrie, come quella dell'energia pulita e dei prodotti sostenibili.

Nelle arti, la Generazione Z si caratterizza per la sua diversità e per l'abbraccio di nuove forme di espressione. Rispetto alle generazioni precedenti, è più probabile che rifiutino le etichette e i confini tradizionali, come quelli tra le diverse forme d'arte o tra cultura alta e bassa. Questo ha portato alla nascita di nuovi generi e movimenti artistici, come la cultura dei meme e l'arte digitale. Inoltre, la Generazione Z è più propensa a confrontarsi con l'arte e la cultura attraverso i social media e altre piattaforme digitali, il che ha creato nuove opportunità e sfide per artisti e creatori.

"La generazione Z si sta facendo strada nell'attivismo sociale" di Forbes: L'articolo illustra come la generazione Z stia usando la sua abilità nei social media e il suo nativismo digitale per sostenere cause di giustizia sociale e creare cambiamenti nelle proprie comunità.

"Generation Z and the Future of Work" di Deloitte: questo articolo esplora come le prospettive e le competenze uniche della generazione Z plasmeranno il futuro del lavoro, compresa la loro preferenza per un ambiente di lavoro diversificato e inclusivo, il loro desiderio di equilibrio tra lavoro e vita privata e la loro capacità di adattarsi alle nuove tecnologie.

"Generazione Z: uno sguardo alle abitudini tecnologiche e mediatiche degli adolescenti di oggi" del Pew Research Center: Questo rapporto analizza le abitudini mediatiche e tecnologiche della generazione Z, compreso l'uso dei social media, il possesso di smartphone e le attività online.

"La generazione Z vuole salvare il mondo. Possiamo permetterglielo?" del New York Times: Questo articolo d'opinione parla di come la passione della generazione Z per la giustizia sociale e l'ambientalismo sia fonte di ispirazione, ma solleva anche la questione se le generazioni precedenti abbiano fatto abbastanza per affrontare questi problemi.

"La Generazione Z e il futuro del retail" di Retail Dive: Questo articolo esplora come le abitudini e le preferenze di acquisto della generazione Z stiano sconvolgendo il settore della vendita al dettaglio, compresa la loro preferenza per lo shopping online e la richiesta di sostenibilità e pratiche commerciali etiche.

"La realtà economica della Generazione Z" del Wall Street Journal: Questo articolo analizza le sfide economiche che la generazione Z deve affrontare, tra cui l'elevato costo dell'istruzione, le limitate opportunità di lavoro e l'aumento del costo della vita.

"Perché la Generazione Z si rivolge a TikTok per avere consigli finanziari" di CNBC: Questo articolo analizza il modo in cui la generazione Z utilizza i social media, in particolare TikTok, per informarsi sulla finanza personale e sugli investimenti.

"La Generazione Z sta guidando il futuro del benessere" di Vogue Business: Questo articolo esplora come la generazione Z stia plasmando l'industria del benessere, compresa la sua attenzione per la salute mentale, la sostenibilità e il benessere olistico.

"Il futuro è diverso: How Gen Z is Pushing the Advertising Industry Forward" di Adweek: L'articolo illustra come la richiesta di diversità e inclusione da parte della generazione Z stia determinando cambiamenti nel settore pubblicitario, compresa la necessità di una rappresentazione più diversificata nelle campagne pubblicitarie.

"Meet Gen Z: How to Connect with the Newest Generation of Homebuyers" di Realtor Magazine: Questo articolo analizza come le abitudini e le preferenze di acquisto della Gen Z siano diverse da quelle delle generazioni precedenti, tra cui il desiderio di case eco-compatibili, la tecnologia per case intelligenti e le esperienze di acquisto online.

LA GENERAZIONE ALPHA

Generazione Alpha è un termine che si è diffuso negli ultimi anni per descrivere la coorte nata dopo il 2012. Anche se non è stato ampiamente citato da un individuo specifico, il termine è emerso organicamente come un modo per distinguere questa nuova generazione da quelle precedenti. Essendo i figli dei millennial e la prima generazione nata interamente nel XXI secolo, si prevede che la Generazione Alpha sarà plasmata da circostanze ed esperienze uniche.

Una caratteristica che definisce la Generazione Alpha è il suo rapporto con la tecnologia. Fin dalla nascita sono circondati da smartphone, tablet e altri dispositivi digitali. La tecnologia è parte integrante della loro vita e navigano con facilità sulle piattaforme digitali. Questa costante esposizione alla tecnologia ha implicazioni significative sul loro comportamento, sullo sviluppo cognitivo e sulle prospettive future.

In termini di istruzione, la Generazione Alpha probabilmente sperimenterà un cambiamento nelle metodologie di apprendimento. Le classi tradizionali vengono trasformate da strumenti digitali e approcci di apprendimento personalizzati. L'uso di app educative, risorse online e piattaforme interattive offrirà nuove opportunità per esperienze di apprendimento personalizzate. La tecnologia avrà un ruolo fondamentale nel preparare la Generazione Alpha a un mercato del lavoro in rapida evoluzione, dove le competenze digitali e la capacità di adattamento saranno molto apprezzate.

L'influenza della tecnologia sulle interazioni sociali è un altro aspetto chiave dello sviluppo della Generazione Alpha. Crescendo con i social media, avranno una prospettiva diversa sulla comunicazione e sulle relazioni. Le piattaforme online offrono loro una connettività senza precedenti e la possibilità di impegnarsi con comunità diverse a livello globale. Tuttavia, ci saranno anche delle sfide, come le preoccupazioni per la privacy, il cyberbullismo e l'impatto dei social media sulla salute mentale. La società dovrà affrontare questi problemi e fornire indicazioni per garantire un sano equilibrio tra connessioni virtuali e reali.

Quando la Generazione Alpha raggiungerà l'età adulta, entrerà in un mondo plasmato da rapidi progressi tecnologici. L'automazione, l'intelligenza artificiale e altre tecnologie emergenti continueranno a trasformare i settori e a ridefinire i requisiti lavorativi. Questa generazione dovrà essere adattabile e possedere una solida base di alfabetizzazione digitale per avere successo in questo panorama in continua evoluzione. Nasceranno nuove professioni e industrie che presenteranno sia opportunità che sfide.

Il futuro della Generazione Alpha si estende oltre i confini americani. Essendo una generazione globale connessa attraverso le piattaforme digitali, avrà una prospettiva unica sulle questioni globali e un senso di cittadinanza globale. È probabile che siano appassionati di giustizia sociale, sostenibilità e impatto positivo sul mondo. Grazie alla loro mentalità globale e all'accesso alle informazioni, la Generazione Alpha ha il potenziale per guidare un cambiamento significativo su scala globale.

Tuttavia, è importante considerare che il futuro non è predeterminato e che il percorso della Generazione Alpha sarà influenzato da numerosi fattori. Le circostanze economiche, politiche e ambientali daranno forma alle loro opportunità e sfide. Inoltre, il ruolo dei genitori, degli educatori e dei politici nel coltivare il loro potenziale e nel fornire un ambiente di supporto sarà fondamentale.

In conclusione, la Generazione Alpha rappresenta una nuova era plasmata dalla tecnologia e dalla connettività. La loro vita sarà caratterizzata da esperienze digitali, relazioni online e una visione globale. Mentre affrontano le sfide e le opportunità del futuro, la loro capacità di adattarsi, innovare e influenzare positivamente la società giocherà un ruolo fondamentale nel plasmare il mondo per le generazioni a venire.

La Gen Alpha è la prima generazione nata interamente nel XXI secolo e cresce in un mondo altamente digitale e tecnologicamente avanzato. Sono esposti alla tecnologia fin dalla più tenera età: smartphone, tablet e Internet sono parte integrante della loro vita. Questa costante esposizione alla tecnologia ha plasmato il loro comportamento e la loro interazione con il mondo circostante.

Si prevede che la Generazione Alpha sia altamente tecnologica, a suo agio con le piattaforme digitali e rapida nell'adattarsi alle nuove tecnologie.

È probabile che abbiano una profonda conoscenza dei social media, della comunicazione digitale e del consumo di contenuti online. Questa generazione potrebbe anche sperimentare cambiamenti nel mercato del lavoro, con carriere emergenti fortemente influenzate dalla tecnologia, come l'intelligenza artificiale, la realtà virtuale e l'automazione.

L'impatto della tecnologia sul comportamento e sullo sviluppo della Generazione Alpha è oggetto di studi e speculazioni continue.

Ricercatori ed esperti stanno osservando da vicino come questa costante esposizione alla tecnologia possa plasmare le loro capacità cognitive, le abilità sociali e il benessere generale. Man mano che questa generazione continua a crescere e a maturare, le sue caratteristiche uniche e il suo contributo alla società diventeranno più evidenti.

GENERAZIONI IN EUROPA, SOPRATTUTTO IN ITALIA E IN INGHILTERRA

L'impatto delle generazioni si estende oltre i confini degli Stati Uniti e ha avuto effetti significativi anche in Europa, in paesi come l'Italia e il Regno Unito. Approfondiamo l'influenza di ciascuna generazione, partendo dalla Silent Generation.

La Silent Generation, nata tra il 1928 e il 1945, ha vissuto le conseguenze della Seconda Guerra Mondiale ed è stata testimone degli sforzi europei per la ricostruzione e la ripresa. In Italia, questa generazione ha svolto un ruolo cruciale nella ricostruzione postbellica del Paese, contribuendo al boom economico noto come "miracolo italiano". Con la loro forte etica del lavoro e la loro resilienza, la Silent Generation ha gettato le basi per la crescita economica dell'Italia, enfatizzando la stabilità, i valori della famiglia e la coesione della comunità.

Allo stesso modo, nel Regno Unito, la Silent Generation ha contribuito alla ripresa del Paese dopo la guerra e alla ricostruzione delle infrastrutture. Hanno vissuto le difficoltà del razionamento e le sfide della ricostruzione di una nazione devastata dalla guerra. Il loro impegno nel duro lavoro e nei valori tradizionali, unito alla creazione di sistemi di welfare, ha posto le basi per il futuro sviluppo del Paese.

Passando ai Baby Boomers, nati tra il 1946 e il 1964, questa generazione ha avuto un ruolo fondamentale nel plasmare il panorama sociale e culturale europeo. In Italia, i Baby Boomers hanno assistito a un periodo di profondi cambiamenti sociali, sfidando le norme tradizionali e sostenendo i diritti civili e le libertà individuali. Hanno partecipato ai movimenti studenteschi e protestato contro le ingiustizie sociali, lasciando un impatto duraturo sulla società italiana.

Allo stesso modo, nel Regno Unito, i Baby Boomers hanno dato vita a rivoluzioni culturali e movimenti di trasformazione. Hanno sfidato le norme sociali, promuovendo cambiamenti progressivi in settori come i diritti delle donne, i diritti LGBTQ+ e l'antirazzismo. Il loro attivismo, unito alla loro influenza economica, ha plasmato il tessuto sociale del Paese e ha gettato le basi per i progressi futuri.

La Generazione X, nata tra il 1965 e il 1980, ha vissuto un periodo di transizione economica e politica sia in Italia che nel Regno Unito. In Italia, questa generazione ha sperimentato la crisi economica, gli scandali di corruzione politica e il cambiamento del mercato del lavoro. Si sono adattati a queste sfide, abbracciando l'imprenditorialità e l'innovazione, e sono diventati i motori della crescita economica e dei progressi tecnologici.

Nel Regno Unito, la Generazione X ha svolto un ruolo cruciale nella transizione del Paese dalle industrie tradizionali a un'economia più orientata ai servizi. Ha abbracciato la globalizzazione, favorendo i collegamenti internazionali e contribuendo alla crescita del settore finanziario. Questa generazione è stata anche testimone dell'ascesa dell'Unione Europea e dell'impatto dell'integrazione europea sulla politica e sull'economia del Paese.

Passando alla generazione dei Millennial, nati tra il 1981 e il 1996, il loro impatto sull'Europa, compresa l'Italia e il Regno Unito, è stato plasmato dai progressi tecnologici e dalla globalizzazione. In Italia, i Millennial sono stati in prima linea nel cambiamento sociale, sostenendo la sostenibilità, la giustizia sociale e l'inclusione. Hanno abbracciato la tecnologia digitale e i social media come strumenti di attivismo e hanno spinto per riforme politiche e culturali.

Allo stesso modo, nel Regno Unito, i Millennial sono stati determinanti nel guidare l'innovazione e nell'abbracciare l'era digitale. Hanno svolto un ruolo cruciale nella crescita delle industrie creative e nello sviluppo delle startup tecnologiche. I loro valori, come la coscienza ambientale e la diversità, hanno influenzato le tendenze dei consumatori e le pratiche commerciali.

Per quanto riguarda la Generazione Z, nata tra il 1997 e il 2012, il suo impatto è ancora in divenire, ma i primi segnali indicano che si tratta di una generazione profondamente impegnata nelle questioni sociali, nella tecnologia e nell'interconnessione globale. Sia in Italia che nel Regno Unito, gli individui della Generazione Z sono stati in prima linea nei movimenti che si occupano di cambiamento climatico, uguaglianza e giustizia sociale. Stanno sfruttando i social media e le piattaforme digitali per amplificare le loro voci e chiedere un cambiamento.

In conclusione, ogni generazione ha lasciato un segno in Europa, compresa l'Italia e il Regno Unito, attraverso esperienze, valori e contributi unici. Dagli sforzi di ricostruzione della Silent Generation all'attivismo trasformativo dei Baby Boomers, dallo spirito imprenditoriale della Generazione X ai progressi digitali dei Millennials e all'attivismo sociale della Generazione Z, l'impatto delle generazioni in Europa è stato profondo e di vasta portata.

In Italia, le dinamiche intergenerazionali hanno influenzato i valori e le norme culturali della società. L'enfasi posta dalla Silent Generation sulla famiglia e sulla coesione della comunità continua a plasmare la società italiana, con forti legami familiari e tradizioni che giocano un ruolo significativo nella vita quotidiana. L'attivismo dei Baby Boomers e la ricerca di libertà individuali hanno sfidato le strutture tradizionali e contribuito a creare una società più progressista e inclusiva. Lo spirito imprenditoriale e la capacità di adattamento della Generazione X hanno aiutato a superare le sfide economiche e hanno favorito l'innovazione e i progressi tecnologici. Nel frattempo, i Millennial e la Generazione Z stanno spingendo per la sostenibilità ambientale, l'uguaglianza sociale e la trasformazione digitale, sfruttando le loro voci e la loro fluidità digitale per apportare cambiamenti positivi.

Allo stesso modo, nel Regno Unito, l'impatto delle generazioni è evidente in vari aspetti della società. La resilienza e l'impegno della Silent Generation nella ricostruzione dopo la Seconda Guerra Mondiale hanno gettato le basi per la ripresa economica del Paese. L'attivismo e le rivoluzioni culturali dei Baby Boomers hanno portato a cambiamenti sociali significativi, promuovendo l'uguaglianza e la diversità. L'abbraccio della Generazione X alla globalizzazione e ai progressi tecnologici ha favorito la crescita economica e trasformato le industrie. I Millennial e la Generazione Z sfidano le strutture di potere tradizionali, si battono per la sostenibilità ambientale e sfruttano le piattaforme digitali per connettersi e mobilitarsi per le cause sociali.

L'interazione tra le generazioni è particolarmente evidente nei settori della politica, dell'economia e delle espressioni culturali. I paesaggi politici di entrambi i Paesi sono stati plasmati dai valori e dalle aspirazioni delle diverse generazioni, influenzando le decisioni politiche, la demografia degli elettori e i movimenti sociali. Dal punto di vista economico, ogni generazione ha contribuito alla crescita e all'evoluzione delle industrie, adattandosi alle mutevoli tendenze del mercato e ai progressi tecnologici. Inoltre, le espressioni culturali, tra cui l'arte, la musica, la moda e la letteratura, sono state influenzate dalle prospettive generazionali, riflettendo le dinamiche sociali e i valori mutevoli di ogni epoca.

Guardando al futuro, l'impatto delle generazioni continuerà a plasmare l'Europa, l'Italia e il Regno Unito in modi profondi. Quando la Generazione Z diventerà maggiorenne e assumerà ruoli più importanti nella società, il suo nativismo digitale, l'attenzione per la giustizia sociale e l'interconnessione globale porteranno a ulteriori trasformazioni sociali, economiche e ambientali. Le sfide e le opportunità presentate dai progressi tecnologici, dai cambiamenti climatici e dalle questioni sociali richiederanno sforzi di collaborazione tra le generazioni per creare società sostenibili e inclusive.

In conclusione, le generazioni in Europa, comprese quelle dell'Italia e del Regno Unito, hanno lasciato un segno indelebile nella società, influenzando le norme culturali, guidando il progresso sociale e plasmando i paesaggi economici. Comprendendo e apprezzando i contributi e le prospettive di ciascuna generazione, possiamo favorire una maggiore comprensione intergenerazionale, colmare i divari e affrontare collettivamente le sfide e le possibilità del futuro.

GENERAZIONI IN ASIA, SOPRATTUTTO IN GIAPPONE

In Asia, l'impatto delle generazioni, anche in Giappone, è stato determinante nel plasmare il paesaggio sociale, economico e culturale della regione. Ogni generazione porta con sé esperienze, valori e prospettive uniche che hanno influenzato la traiettoria dello sviluppo del Giappone e il suo posto nell'arena globale.

A partire dalla Silent Generation, che ha vissuto il periodo tumultuoso della Seconda Guerra Mondiale e la successiva ricostruzione postbellica, la loro resilienza e dedizione alla ricostruzione della nazione ha gettato le basi per la rapida crescita economica del Giappone. Il loro duro lavoro, la disciplina e l'impegno per il progresso collettivo si sono radicati nella società giapponese e hanno contribuito alla sua trasformazione in una potenza economica.

I Baby Boomers in Giappone hanno assistito a un periodo di prosperità economica senza precedenti durante il dopoguerra. Hanno svolto un ruolo fondamentale nel plasmare l'espansione industriale e i progressi tecnologici del Giappone. I Baby Boomers hanno abbracciato la modernizzazione, il consumismo e l'aspirazione a standard di vita più elevati. Questa generazione ha assistito all'emergere del Giappone come leader economico globale e alle successive sfide della recessione economica, che hanno portato a una rivalutazione delle priorità della società.

La Generazione X in Giappone ha vissuto un periodo di stagnazione economica e di crescente globalizzazione. Si sono adattati al cambiamento del panorama economico, abbracciando le nuove tecnologie ed esplorando percorsi di carriera alternativi. La Generazione X in Giappone ha assistito allo scoppio della bolla economica negli anni '90, che ha portato a un cambiamento dei valori sociali e a un riesame delle norme tradizionali. La loro resilienza, la loro adattabilità e il loro spirito imprenditoriale hanno svolto un ruolo cruciale nella ricostruzione dell'economia giapponese e nella promozione dell'innovazione.

La generazione dei Millennial in Giappone è cresciuta in un mondo sempre più interconnesso e digitale. Sono stati testimoni dell'impatto della globalizzazione, dei progressi tecnologici e delle sfide ambientali. I Millennial in Giappone sono noti per la ricerca dell'equilibrio tra lavoro e vita privata, l'enfasi sulla realizzazione personale e la consapevolezza sociale. Si impegnano per il cambiamento della società, sostenendo la diversità, la sostenibilità e l'inclusione. La fluidità digitale e la visione globale dei Millennial hanno influenzato le pratiche commerciali, i modelli di comunicazione e le espressioni culturali del Giappone.

La Generazione Z, l'attuale e più giovane generazione giapponese, è stata plasmata da una società altamente connessa e guidata dalla tecnologia. Sono nativi digitali cresciuti con smartphone, social media e accesso istantaneo alle informazioni. La Generazione Z in Giappone è caratterizzata da spirito imprenditoriale, prospettive diverse e impegno per le cause sociali. Danno priorità all'individualità, alla creatività e alla sostenibilità ambientale. Questa generazione è pronta a guidare il Giappone verso il futuro, sfruttando la tecnologia e le connessioni globali per affrontare le sfide più urgenti e rimodellare i sistemi tradizionali.

Oltre all'impatto economico, le generazioni in Giappone hanno influenzato le espressioni culturali, i valori sociali e le dinamiche politiche. Dalla letteratura all'arte, dalla moda alla musica, ogni generazione ha contribuito al ricco tessuto culturale del Giappone. Dal punto di vista sociale, i cambiamenti generazionali hanno comportato cambiamenti nelle strutture familiari, nei ruoli di genere e nelle norme sociali. Dal punto di vista politico, le diverse generazioni hanno influenzato i risultati elettorali, le priorità politiche e l'impegno civico.

In prospettiva, l'impatto delle generazioni in Giappone continuerà a plasmare il futuro della nazione. Le sfide poste dall'invecchiamento della popolazione, dai progressi tecnologici e dalle incertezze globali richiederanno collaborazione e soluzioni innovative tra le generazioni. Abbracciare i punti di forza e le prospettive di ciascuna generazione e promuovere il dialogo intergenerazionale sarà fondamentale per affrontare le complessità e le opportunità di un mondo in continua evoluzione.

Nel campo degli affari e dell'innovazione, le generazioni giapponesi hanno contribuito in modo significativo ai progressi tecnologici e alle iniziative imprenditoriali. La Silent Generation, con la sua etica del lavoro e la sua dedizione alla ricostruzione della nazione, ha gettato le basi per la prodezza manifatturiera del Giappone. I Baby Boomers, spinti dalla crescita economica, hanno guidato i progressi tecnologici del Giappone, in particolare nei settori dell'elettronica e dell'industria automobilistica. I loro contributi hanno elevato il Giappone a leader mondiale dell'innovazione.

La Generazione X in Giappone, di fronte alle sfide economiche, ha abbracciato l'imprenditorialità e introdotto nuovi modelli di business. Hanno svolto un ruolo fondamentale nello sviluppo della scena delle startup tecnologiche giapponesi, promuovendo una cultura dell'assunzione di rischi e della creatività. L'enfasi di questa generazione sull'individualità e sull'espressione di sé ha dato vita a prodotti e servizi unici che hanno risuonato nei mercati nazionali e internazionali.

La generazione dei Millennial in Giappone ha ulteriormente ampliato il panorama imprenditoriale. Hanno sfruttato le piattaforme digitali e i social media per lanciare startup innovative, sconvolgendo i settori tradizionali e introducendo nuovi paradigmi di business. Con la loro mentalità globale e la volontà di abbracciare la tecnologia, i Millennial in Giappone hanno coltivato un vivace ecosistema di startup, contribuendo alla creazione di posti di lavoro, alla crescita economica e ai progressi tecnologici.

In campo ambientale, le generazioni giapponesi hanno riconosciuto l'urgenza di affrontare le sfide della sostenibilità. La Silent Generation ha assistito alle devastanti conseguenze della Seconda Guerra Mondiale e ha abbracciato l'importanza della conservazione e della gestione delle risorse. I loro valori di frugalità e di minimizzazione degli sprechi hanno gettato le basi per l'impegno del Giappone nella gestione dell'ambiente.

I Baby Boomers in Giappone sono stati testimoni degli impatti ambientali negativi della rapida industrializzazione e sono diventati sostenitori della tutela ambientale. Hanno contribuito alla creazione di regolamenti e iniziative ambientali, aprendo la strada a una maggiore consapevolezza ambientale.

La Generazione X in Giappone ha portato avanti l'agenda della sostenibilità enfatizzando le fonti di energia rinnovabili, la riduzione dei rifiuti e le pratiche eco-compatibili. Hanno spinto per la responsabilità aziendale e per pratiche commerciali attente all'ambiente, promuovendo un'economia più verde.

I Millennials in Giappone hanno assunto il ruolo di attivisti per l'ambiente. Sono attivamente impegnati a sostenere l'azione per il clima, il consumo sostenibile e la giustizia ambientale. Grazie alla loro competenza digitale e alla capacità di mobilitare i movimenti sociali, i Millennial hanno sensibilizzato l'opinione pubblica su questioni ambientali urgenti e influenzato le discussioni politiche.

Nel campo delle arti e della cultura, le generazioni giapponesi hanno dato vita a espressioni uniche, fondendo tradizione e modernità. La generazione del silenzio ha assistito a una rinascita delle arti tradizionali, come il teatro kabuki e Noh, preservando il patrimonio culturale del Giappone.

I Baby Boomers giapponesi hanno abbracciato la cultura pop, compresi manga, anime e J-pop, che hanno guadagnato popolarità a livello globale. I loro contributi creativi hanno influenzato le industrie dell'intrattenimento globale e hanno contribuito a formare il soft power del Giappone.

La Generazione X in Giappone è stata testimone di una fusione di forme d'arte tradizionali e moderne. Hanno esplorato diverse espressioni artistiche, spingendosi oltre i confini e sfidando le norme sociali. I loro contributi hanno arricchito la scena artistica contemporanea giapponese, attirando consensi a livello internazionale.

I Millennials in Giappone hanno abbracciato nuove forme di espressione artistica, sfruttando le piattaforme digitali per mostrare la loro creatività. Dalle comunità artistiche online alle esperienze di realtà virtuale,
I Millennials in Giappone hanno ridefinito i confini dell'arte, riflettendo la loro educazione digitale e le loro prospettive globali.

Possiamo dire che le "generazioni" in Giappone hanno dato contributi significativi a vari aspetti della società, tra cui l'economia, l'innovazione, la sostenibilità ambientale, l'arte e la cultura. Ogni generazione ha fatto tesoro dei risultati ottenuti dai suoi predecessori, lasciando un'impronta unica sullo sviluppo del Giappone.

Riconoscendo i punti di forza e le prospettive di ciascuna generazione e promuovendo la collaborazione intergenerazionale, il Giappone può sfruttare il potere collettivo della sua popolazione eterogenea per affrontare le sfide future e cogliere le opportunità di crescita e progresso.

In conclusione, le generazioni in Giappone hanno svolto un ruolo cruciale nel plasmare il paesaggio sociale, economico e culturale del Paese. Dagli sforzi di ricostruzione postbellica della Silent Generation alla prosperità economica dei Baby Boomers, dalla capacità di adattamento della Generazione X alla ricerca del cambiamento sociale dei Millennials, fino alla fluidità tecnologica della Generazione Z, ogni generazione ha lasciato un segno indelebile nello sviluppo del Giappone.

Riconoscendo e sfruttando i punti di forza e i contributi di ciascuna generazione, il Giappone può affrontare il futuro con resilienza, innovazione e unità.

GENERAZIONI IN AFRICA

Nel vasto e diversificato continente africano, ogni generazione ha lasciato un segno nella storia, contribuendo a plasmare nazioni, economie e società. Dalla Silent Generation ai Millennials, le loro azioni hanno avuto un impatto profondo sullo sviluppo del continente, affrontando le sfide e aprendo la strada al progresso.

La Generazione silenziosa in Africa è emersa durante il periodo del dominio coloniale e ha assistito alla lotta per l'indipendenza. La loro determinazione e resilienza hanno giocato un ruolo cruciale nella liberazione delle nazioni e nell'istituzione dell'autogoverno. Questi individui sono diventati pionieri del cambiamento, plasmando il paesaggio politico e sostenendo lo sviluppo socioeconomico. Nonostante le limitazioni economiche e la dipendenza dai raccolti, alcuni membri della Generazione silenziosa hanno avviato progetti industriali, promosso l'istruzione e costruito infrastrutture che sono diventate la base per la crescita futura.

Dopo la Silent Generation, i Baby Boomers in Africa hanno vissuto un periodo di costruzione della nazione dopo l'indipendenza. Questa generazione ha partecipato attivamente allo sviluppo del continente. Sebbene persistano sfide economiche come il debito estero e l'instabilità politica, i Baby Boomers hanno contribuito a vari settori, tra cui l'imprenditoria, la finanza, la tecnologia e lo sviluppo delle infrastrutture. I loro sforzi hanno favorito la crescita economica e creato opportunità di progresso.

Mentre il continente continuava a evolversi, la Generazione X è emersa come forza di trasformazione in Africa. Questa generazione è stata testimone di transizioni politiche ed economiche, sostenendo riforme democratiche, diritti umani e giustizia sociale. In risposta a sfide come la corruzione e la disuguaglianza, la Generazione X ha svolto un ruolo fondamentale nel promuovere il buon governo e nel guidare la trasformazione socio-economica. Il loro spirito imprenditoriale e la loro leadership hanno portato alla crescita del settore privato, attirando investimenti stranieri e promuovendo i progressi tecnologici.

Oggi, la generazione dei Millennial in Africa si caratterizza per il suo ottimismo, per la sua fluidità digitale e per il suo attivismo sociale. Questa generazione ha sfruttato il potere della tecnologia e dei social media per amplificare la propria voce, sostenere il cambiamento e affrontare questioni urgenti come il cambiamento climatico e la parità di genere. Gli imprenditori millennial sono emersi, guidando l'innovazione e contribuendo alla crescita economica attraverso start-up e tecnologie dirompenti.

In Africa, l'impatto di queste generazioni va oltre la crescita economica e industriale. Le loro azioni hanno plasmato le dinamiche sociali, sfidato le norme esistenti e aperto la strada a una maggiore inclusione. Dai movimenti di base alla leadership politica, queste generazioni si sono impegnate per creare società più eque, sollevando gli emarginati e dando potere ai giovani.

Sebbene ogni generazione abbia affrontato sfide e opportunità uniche, i loro sforzi collettivi hanno guidato il progresso in Africa. Dalla lotta per l'indipendenza alla ricerca dello sviluppo sostenibile, queste generazioni hanno lasciato impronte indelebili nella storia del continente. Mentre il viaggio continua, le lezioni apprese dal passato possono guidare il futuro, assicurando un'Africa più prospera e inclusiva per le generazioni a venire.

Nel corso della storia dell'Africa, diversi eventi e fatti storici significativi hanno plasmato le esperienze e le prospettive delle diverse generazioni, influenzando le loro azioni e i loro contributi alla società. Ecco alcuni fatti storici chiave che hanno avuto un profondo impatto sulle generazioni africane:

Il colonialismo: L'epoca del colonialismo, durata dalla fine del XIX secolo alla metà del XX, ha influenzato notevolmente la Silent Generation in Africa. Le potenze coloniali hanno imposto strutture politiche, economiche e sociali che hanno plasmato la traiettoria della regione. La lotta per l'indipendenza contro il dominio coloniale divenne un momento determinante, che portò alla nascita di leader e attivisti che lottarono per l'autodeterminazione e gettarono le basi per le nazioni post-coloniali.

Movimenti indipendentisti: La metà del XX secolo ha visto un'ondata di movimenti indipendentisti in tutta l'Africa. In questo periodo emersero leader influenti come Kwame Nkrumah in Ghana, Jomo Kenyatta in Kenya e Nelson Mandela in Sudafrica. Questi leader hanno galvanizzato le rispettive nazioni, mobilitando la popolazione a resistere all'oppressione coloniale e a lottare per la libertà. I movimenti per l'indipendenza sono stati un importante catalizzatore per la coscienza politica e l'affermazione dell'identità africana.

Il panafricanismo: L'ideologia del panafricanismo, che sostiene l'unità e la solidarietà dei popoli africani, ha svolto un ruolo fondamentale nel plasmare le generazioni africane. Figure come Marcus Garvey, W.E.B. Du Bois e Kwame Nkrumah hanno reso popolare questo concetto, sottolineando la necessità per le nazioni africane di unirsi per affrontare le sfide comuni e promuovere lo sviluppo socio-economico.

Apartheid in Sudafrica: Il regime dell'apartheid in Sudafrica, che imponeva la segregazione e la discriminazione razziale, ha scatenato una resistenza e un attivismo significativi. La lotta contro l'apartheid, condotta da figure come Nelson Mandela, Desmond Tutu e Steve Biko, ha unito generazioni in una lotta comune per l'uguaglianza e la giustizia. Lo smantellamento dell'apartheid ha segnato un trionfo dei diritti umani e una pietra miliare nella storia africana.

Sfide post-indipendenza: Dopo aver ottenuto l'indipendenza, molte nazioni africane hanno dovuto affrontare numerose sfide, tra cui instabilità politica, disparità economiche e conflitti. Generazioni come quella dei Baby Boomers e della Generazione X hanno affrontato queste difficoltà, lavorando per la stabilità, la pace e lo sviluppo socio-economico. Hanno affrontato problemi come la corruzione, la debolezza della governance e le disuguaglianze economiche, cercando di superare questi ostacoli e di creare società prospere.

Globalizzazione e progressi tecnologici: L'avvento della globalizzazione e dei rapidi progressi tecnologici alla fine del XX secolo e oltre ha avuto un profondo impatto sulle generazioni africane. L'introduzione di Internet, dei telefoni cellulari e delle piattaforme dei social media ha rivoluzionato la comunicazione, la connettività e l'accesso alle informazioni. Questa trasformazione ha dato potere alle generazioni più giovani, come i Millennials e la Gen Z, che hanno abbracciato le piattaforme digitali e utilizzato la tecnologia per guidare il cambiamento sociale, l'innovazione economica e l'imprenditorialità.

Sfruttamento delle risorse e preoccupazioni ambientali: Le vaste risorse naturali dell'Africa sono state un'arma a doppio taglio. Se da un lato hanno un potenziale di sviluppo economico, dall'altro il loro sfruttamento è stato spesso accompagnato da degrado ambientale, tensioni sociali e squilibri economici. Le generazioni africane si sono confrontate con la sfida di gestire e trarre beneficio da queste risorse in modo sostenibile, riconoscendo la necessità di un'estrazione responsabile delle risorse e della conservazione dell'ambiente.

Questi fatti storici, insieme a molti altri, hanno plasmato le esperienze, le aspirazioni e le azioni delle generazioni africane. Hanno influenzato la traiettoria delle nazioni, la lotta per l'indipendenza, la ricerca della giustizia sociale e la risposta alle sfide contemporanee.

La comprensione e l'apprezzamento di questi contesti storici ci permettono di comprendere meglio le motivazioni, i valori e i contributi di ogni generazione in Africa.

.

GENERAZIONI IN MEDIO ORIENTE

Il libro "Generazioni" ha avuto un impatto significativo sulla comprensione e sull'analisi delle dinamiche generazionali in varie regioni, compreso il Medio Oriente. Sebbene non siano disponibili dati specifici sull'influenza del libro in Medio Oriente, il suo quadro concettuale e le sue intuizioni sui modelli generazionali possono essere applicati al contesto della regione. Esploriamo l'impatto delle diverse generazioni e i loro contributi in Medio Oriente.

La Generazione del Silenzio (1928-1945) in Medio Oriente è stata testimone della fine del dominio coloniale e dell'emergere di nazioni indipendenti. Molti di loro hanno partecipato attivamente alle lotte per l'indipendenza, plasmando il panorama politico dei rispettivi Paesi. Leader come Gamal Abdel Nasser in Egitto, Habib Bourguiba in Tunisia e l'ayatollah Khomeini in Iran hanno giocato un ruolo cruciale nel plasmare i destini delle loro nazioni.

I Baby Boomers (1946-1964) in Medio Oriente hanno vissuto cambiamenti socio-politici significativi.

Hanno assistito alle conseguenze della decolonizzazione, all'ascesa dei movimenti nazionalisti e ai conflitti arabo-israeliani. Questa generazione ha svolto un ruolo fondamentale nella costruzione delle istituzioni e delle infrastrutture post-indipendenza, contribuendo agli sforzi di costruzione della nazione in tutta la regione. Hanno anche affrontato sfide come l'instabilità politica, le disparità economiche e l'impatto del mercato energetico globale.

La Generazione X (1965-1980) in Medio Oriente ha attraversato un periodo complesso caratterizzato da sconvolgimenti politici e sociali. Hanno vissuto eventi come la rivoluzione iraniana, la guerra Iran-Iraq, la guerra del Golfo e la guerra civile libanese. Questa generazione ha assistito all'ascesa dell'Islam politico e all'emergere di attori non statali nella regione. Si sono impegnati attivamente in movimenti politici, attivismo sociale ed espressioni culturali che cercavano di affrontare le sfide della società.

La generazione dei Millennial (1981-1996) in Medio Oriente è cresciuta in un mondo globalizzato e interconnesso. Sono stati esposti ai rapidi progressi tecnologici, ai social media e a Internet. Questa generazione ha svolto un ruolo significativo nelle rivolte della Primavera araba, utilizzando le piattaforme dei social media per mobilitare le proteste e chiedere riforme politiche. Sono stati anche in prima linea nel sostenere la giustizia sociale, i diritti umani e l'uguaglianza di genere nella regione.

La Generazione Z (nata dopo il 1997) in Medio Oriente è una generazione cresciuta nell'era digitale, altamente connessa e influenzata dalle piattaforme dei social media. Si è fatta sentire su diversi temi, tra cui il cambiamento climatico, la giustizia sociale e la partecipazione politica. Questa generazione ha dimostrato una forte propensione all'imprenditorialità e all'innovazione, sfruttando la tecnologia per guidare il cambiamento sociale ed economico nella regione.

In termini di panorama economico del Medio Oriente, ogni generazione ha lasciato il proprio segno. La Silent Generation ha assistito alla creazione di industrie e infrastrutture nelle nazioni di recente indipendenza. I Baby Boomers hanno contribuito alla crescita economica attraverso il loro coinvolgimento in settori come il petrolio, l'edilizia e la finanza. La Generazione X è stata testimone di politiche di liberalizzazione economica, privatizzazione e aumento degli investimenti esteri. I Millennials e la Gen Z hanno abbracciato l'imprenditoria digitale, le startup e l'innovazione, adattandosi al mutevole panorama economico globale.

Tuttavia, è fondamentale notare che il Medio Oriente è una regione diversificata, con variazioni nello sviluppo socio-economico e nella stabilità politica dei vari Paesi. Ogni nazione ha un contesto storico, culturale e geopolitico unico, che modella le esperienze e i contributi delle sue generazioni.

È anche importante riconoscere che il Medio Oriente deve affrontare numerose sfide, tra cui conflitti politici, disparità socio-economiche, disoccupazione giovanile e disuguaglianza di genere. Ogni generazione ha affrontato questi problemi a modo suo, con diversi gradi di successo e impatto.

In conclusione, le generazioni del Medio Oriente hanno svolto un ruolo cruciale nel plasmare la storia, la politica e lo sviluppo socio-economico della regione. Sebbene il libro "Generations" non contenga dati specifici sul Medio Oriente, il suo quadro di riferimento e le sue intuizioni forniscono strumenti preziosi per comprendere le dinamiche delle interazioni generazionali e l'impatto dei cambiamenti generazionali in Medio Oriente. Esaminando gli eventi storici, i movimenti sociali e le tendenze economiche, possiamo comprendere meglio come ogni generazione abbia influenzato la regione.

La Silent Generation in Medio Oriente è stata testimone della transizione dal dominio coloniale all'indipendenza. In Paesi come l'Egitto, la Tunisia e l'Iran, i leader di questa generazione sono emersi come figure di spicco nella lotta per l'autodeterminazione. Gamal Abdel Nasser, ad esempio, ha svolto un ruolo fondamentale nella ricerca dell'indipendenza dell'Egitto e in seguito è diventato un campione del nazionalismo arabo. I contributi della Silent Generation sono stati fondamentali per gettare le basi delle nazioni di nuova formazione, plasmare le loro strutture politiche e gettare le basi per le generazioni successive.

I Baby Boomers in Medio Oriente hanno vissuto un periodo caratterizzato da turbolenze politiche, conflitti regionali e cambiamenti sociali. Sono stati testimoni dei conflitti arabo-israeliani, dell'ascesa del panarabismo e delle conseguenze della Guerra dei Sei Giorni. Questa generazione ha svolto ruoli significativi in politica, nel mondo accademico e in varie industrie. Leader come Re Hussein di Giordania e Re Hassan II del Marocco, entrambi Baby Boomers, hanno navigato in paesaggi politici complessi e hanno cercato di mantenere la stabilità nei loro Paesi. Inoltre, questa generazione ha contribuito alla crescita economica, in particolare attraverso lo sviluppo dell'industria petrolifera nei Paesi del Golfo.

La Generazione X in Medio Oriente ha affrontato sfide uniche, essendo cresciuta in un periodo di conflitti regionali e di cambiamenti geopolitici. Hanno assistito alla rivoluzione iraniana, alla guerra Iran-Iraq e alla guerra civile libanese, tra gli altri eventi significativi. Questa generazione, caratterizzata da resilienza e adattabilità, ha svolto un ruolo attivo in vari campi. Hanno contribuito alle arti, alla letteratura, al giornalismo e all'attivismo per i diritti umani. Figure di spicco come Orhan Pamuk, romanziere turco e premio Nobel, e El Seed, artista di strada tunisino, esemplificano i contributi creativi e d'impatto della Generazione X in Medio Oriente.

La generazione dei Millennial in Medio Oriente è cresciuta in un'epoca di globalizzazione, connettività digitale e cambiamento sociale. Sono stati in prima linea nella Primavera araba, utilizzando le piattaforme dei social media per mobilitare le proteste e chiedere riforme politiche. Questa generazione ha abbracciato l'imprenditorialità, i progressi tecnologici e l'attivismo per realizzare la giustizia sociale e il cambiamento della società. Giovani leader come Malala Yousafzai dal Pakistan e Muhammed bin Salman dall'Arabia Saudita rappresentano i diversi obiettivi e aspirazioni di questa generazione.

La Generazione Z in Medio Oriente sta ancora diventando maggiorenne, ma sta già facendo sentire la sua presenza. Questa generazione nativa digitale si caratterizza per l'attivismo, la coscienza ambientale e l'enfasi sulla giustizia sociale. Sfruttano la tecnologia per sostenere cause come il cambiamento climatico, l'uguaglianza di genere e i diritti umani. Giovani attivisti di spicco come Greta Thunberg e Malala Yousafzai sono fonte di ispirazione per questa generazione che si sforza di dare forma a un futuro migliore.

Per quanto riguarda il panorama economico del Medio Oriente, ogni generazione ha svolto un ruolo nel suo sviluppo. La Silent Generation ha partecipato alla costruzione della nazione e alla creazione di industrie chiave. I Baby Boomers hanno contribuito alla crescita economica, in particolare attraverso lo sfruttamento delle risorse petrolifere. La Generazione X è stata testimone di riforme economiche, privatizzazioni e investimenti stranieri. I Millennial e la Generazione Z stanno abbracciando l'imprenditoria digitale, l'innovazione e la gig economy, navigando in un panorama economico globale in rapida evoluzione.

Tuttavia, è importante notare che il Medio Oriente è una regione diversa, con livelli variabili di sviluppo socio-economico e stabilità politica. Ogni Paese si trova ad affrontare sfide e opportunità uniche e l'impatto delle generazioni è diverso in tutta la regione.

In sintesi, le generazioni del Medio Oriente hanno lasciato segni indelebili nella storia, nella politica e nello sviluppo socio-economico della regione. Grazie ai loro contributi in termini di leadership, attivismo, imprenditorialità e innovazione, hanno plasmato la traiettoria dei rispettivi Paesi e influenzato il cambiamento della società. Comprendere le dinamiche dei cambiamenti generazionali ci fornisce preziose indicazioni sul passato, sul presente e sul futuro del Medio Oriente.

L'impatto di queste generazioni va oltre la politica
e l'economia. Hanno anche plasmato il tessuto sociale
e culturale della regione. Ogni generazione ha una
propria serie di valori, credenze e aspirazioni che
hanno influenzato le norme e i comportamenti della
società.

Ad esempio, la Silent Generation, con le sue
esperienze di colonialismo e lotta per l'indipendenza,
ha instillato un senso di nazionalismo e patriottismo
nelle generazioni successive. Hanno gettato le basi per
un forte senso di identità e unità nazionale, che
risuona ancora oggi.

I Baby Boomers, avendo assistito ai conflitti arabo-
israeliani e alle instabilità regionali, hanno sviluppato
una forte attenzione alla stabilità e alla sicurezza.
Hanno dato priorità all'istruzione e all'avanzamento di
carriera come mezzi per costruire un futuro prospero
per le loro famiglie. Questa enfasi sull'istruzione ha
portato a significativi progressi nei sistemi educativi
del Medio Oriente, producendo una forza lavoro
altamente istruita.

La Generazione X, caratterizzata dall'esposizione
agli sconvolgimenti politici e ai cambiamenti sociali,
ha sviluppato una mentalità più critica e interrogativa.
Hanno sfidato le norme e le istituzioni tradizionali,
spingendo per maggiori libertà, giustizia sociale e
uguaglianza di genere. Questa generazione ha visto un
aumento dell'attivismo, in particolare tra i sostenitori
dei diritti delle donne, i difensori dei diritti umani e gli
innovatori culturali.

La generazione dei Millennial, cresciuta in un'epoca di globalizzazione e progressi tecnologici, ha accolto le opportunità e le sfide di un mondo interconnesso. Sono noti per la loro adattabilità, lo spirito imprenditoriale e l'adozione delle tecnologie digitali. In Medio Oriente i millennial hanno svolto un ruolo significativo nelle rivolte della Primavera araba, utilizzando le piattaforme dei social media per mobilitare le proteste e chiedere un cambiamento politico.

La Generazione Z, la più giovane, sta ancora definendo la propria identità e il proprio impatto.
Tuttavia, stanno già dimostrando un forte impegno nei confronti delle questioni sociali e ambientali. Questa generazione si caratterizza per il suo nativismo digitale, la consapevolezza ambientale e l'attenzione alla giustizia sociale. Usano la loro voce e le loro piattaforme per sostenere un futuro più sostenibile e inclusivo.

Dal punto di vista economico, l'impatto di queste generazioni è evidente nello sviluppo e nella crescita della regione. Il Medio Oriente ha conosciuto una rapida urbanizzazione, progressi infrastrutturali e diversificazione delle economie. Ogni generazione ha contribuito a questi cambiamenti in modi diversi, attraverso l'imprenditorialità, le innovazioni tecnologiche o gli investimenti in settori come le energie rinnovabili e il turismo.

Tuttavia, è importante riconoscere che il Medio Oriente deve affrontare sfide in termini di disparità socio-economiche, disoccupazione e stabilità politica.

Mentre alcuni segmenti della società hanno goduto di prosperità economica, altri continuano a lottare con la povertà e la mancanza di opportunità. Affrontare questi problemi richiede un approccio globale che tenga conto dei bisogni e delle aspirazioni di tutte le generazioni.

Posso concludere che l'impatto delle generazioni in Medio Oriente non può essere sottovalutato. Ogni generazione ha avuto un ruolo unico nel plasmare la storia, la politica, l'economia e la cultura della regione.

Dalle lotte per l'indipendenza all'adozione delle tecnologie digitali, hanno lasciato un'impronta duratura sulla traiettoria del Medio Oriente.

La comprensione delle esperienze e dei contributi di queste generazioni fornisce preziose indicazioni sul passato, sul presente e sul futuro della regione e permette di comprendere meglio le sfide e le opportunità che ci attendono.

NARRAZIONE GENERAZIONALE: COLMARE IL DIVARIO TRA LE ETÀ

In un mondo in cui il tempo tesse l'arazzo dell'esistenza umana, le generazioni sono capitoli della narrazione in continua evoluzione della nostra storia collettiva. Ogni generazione porta con sé un insieme unico di valori, esperienze e prospettive che modellano il nostro modo di vivere il mondo. E in questo arazzo si nasconde il potere della narrazione generazionale: un mezzo per colmare il divario tra le età, favorendo la comprensione, l'empatia e la connessione.

Dalle vivaci caffetterie alle vibranti riunioni di famiglia, si dipanano le storie degli incontri intergenerazionali. Intraprendiamo un viaggio attraverso dieci accattivanti scorci di vita di personaggi immaginari, ognuno dei quali rappresenta una generazione diversa. Queste storie dipingono un quadro vivido di come generazioni diverse coesistano, imparino l'una dall'altra e contribuiscano al ricco arazzo delle esperienze umane.

Nella vivace caffetteria, Sarah, la studentessa Gen Z esperta di tecnologia, siede accanto a Harold, il saggio signore della Silent Generation. Mentre Sarah è immersa nel mondo degli smartphone e dei social media, Harold trova conforto nel piacere tradizionale di sfogliare un giornale. La loro presenza accanto parla chiaro: due mondi diversi che si intersecano in perfetta armonia, a testimonianza della bellezza della coesistenza e del rispetto reciproco.

La riunione di famiglia è un fulcro di conversazioni vivaci e prospettive diverse. Emma, la Millennial dallo spirito libero, accende un vivace dibattito sul cambiamento climatico con i suoi genitori Baby Boomer. In mezzo a punti di vista diversi, l'amore e la passione condivisa per un mondo migliore diventano il terreno comune dove prosperano la comprensione e l'unità. È all'interno di questi legami familiari che si tramanda la saggezza generazionale e si radica il desiderio collettivo di progresso.

All'interno di un ufficio in fermento, Lisa, professionista della Gen X attenta ai dettagli, collabora perfettamente con James, ambizioso imprenditore della Gen Y. I loro stili di lavoro unici, radicati nei valori delle rispettive generazioni, si fondono armoniosamente, favorendo l'innovazione e il successo. I loro stili di lavoro unici, radicati nei valori delle rispettive generazioni, si fondono armoniosamente, favorendo innovazione e successo. È attraverso questa collaborazione che la diversità generazionale diventa un catalizzatore per la crescita, una testimonianza del potere di abbracciare punti di forza diversi.

La mostra d'arte mette in mostra l'espressione creativa di Mia, l'immaginifica artista della Gen Alpha, e cattura l'attenzione di Michael, l'intenditore d'arte della Gen X. Le vivaci opere digitali di Mia fondono tecniche tradizionali e abilità digitali, catturando l'essenza di una generazione nata in un mondo definito dalla tecnologia. Michael, con il suo apprezzamento per la fusione delle forme d'arte, riconosce l'evoluzione dell'espressione artistica attraverso le generazioni, colmando il divario tra i regni analogico e digitale.

Le comunità prosperano quando individui di generazioni diverse si uniscono per fare la differenza. L'evento di pulizia del quartiere unisce Tom, il Baby Boomer dall'animo civico, e Lily, la volontaria della Gen Z attenta all'ambiente. Attraverso storie e strategie condivise, lavorano fianco a fianco, instillando un senso di responsabilità verso l'ambiente e ispirando le generazioni future a preservare il pianeta.

La tecnologia diventa un canale di connessione quando Ethan, il paziente insegnante della Gen Y, offre un tutorial sullo smartphone a George, il curioso signore della Silent Generation. Grazie alla loro interazione, un mondo un tempo estraneo e intimidatorio per George diventa accessibile, creando nuove vie di comunicazione e di connessione tra le generazioni.

L'imprenditorialità fiorisce quando Sarah, l'intraprendente imprenditrice Millennial, cerca la guida di Olivia, l'esperta proprietaria di un'azienda Gen X. Olivia fornisce preziose intuizioni e fa da mentore a Sarah, accendendo il suo spirito imprenditoriale e avviandola verso il successo. È in queste relazioni di mentoring che le generazioni si intrecciano, trasmettendo conoscenze e favorendo la crescita dei futuri leader.

I raduni di attivismo sociale riuniscono le voci appassionate di Maya, attivista Gen Z, e Rebecca, fervente sostenitrice dei Baby Boomer. Il loro impegno comune per la giustizia sociale trascende i confini generazionali, unendo prospettive diverse in un potente movimento per il cambiamento. È attraverso questi sforzi collettivi che le generazioni si uniscono, amplificando il loro impatto e creando trasformazioni durature della società.

EPILOGO:
UN ARAZZO DI GENERAZIONI

Alla fine del nostro viaggio attraverso le generazioni, ci rimane un arazzo intessuto dalle esperienze, dalle aspirazioni e dall'impatto di ciascuna coorte. Dalla Silent Generation alla Generazione Alpha, abbiamo assistito alla straordinaria evoluzione delle società, delle nazioni e del mondo in generale. Abbiamo esplorato il modo in cui ogni generazione ha plasmato la storia, lasciando un segno indelebile nel paesaggio socio-politico, economico e culturale delle rispettive regioni.

In tutti i continenti, le generazioni hanno affrontato sfide diverse e colto opportunità che hanno definito la loro epoca. La Silent Generation, segnata dalle conseguenze della Seconda guerra mondiale, ha ricostruito società in frantumi e ha gettato le basi per la prosperità successiva. I Baby Boomers, con il loro idealismo e desiderio di cambiamento, hanno sfidato le norme sociali e trasformato il mondo attraverso il loro attivismo e la loro rivoluzione culturale. La Generazione X ha affrontato le complessità della globalizzazione e ha gettato le basi per l'era digitale. I Millennial hanno sfruttato il potere della tecnologia per connettersi e mobilitarsi, rimodellando i paesaggi politici e guidando il cambiamento sociale. E la Generazione Z, con il suo nativismo digitale e l'impegno incrollabile per la giustizia sociale, ha già iniziato a lasciare la sua impronta su un mondo che ha disperatamente bisogno della sua visione.

Ma cosa attende le prossime generazioni? Quali sono le sfide e le opportunità che dovranno affrontare quando saliranno sul palcoscenico del mondo? Guardando al futuro, è chiaro che queste generazioni avranno il compito di affrontare complesse questioni globali che trascendono i confini e le ideologie. Il cambiamento climatico, i progressi tecnologici, la disuguaglianza di reddito e l'instabilità politica sono solo alcuni dei problemi urgenti che richiedono la loro attenzione.

Tuttavia, in mezzo a queste sfide, c'è un motivo di speranza. La resilienza, la creatività e la determinazione dimostrate dalle generazioni precedenti servono da faro di ispirazione. Ogni generazione ha fatto tesoro dei successi e dei fallimenti dei suoi predecessori, spingendosi oltre i limiti e sfidando le aspettative. Ci hanno dimostrato che il cambiamento è possibile, che il progresso può essere raggiunto e che un futuro più luminoso è alla nostra portata.

Il futuro richiederà la collaborazione e la comprensione tra le generazioni, che dovranno navigare tra le complessità di un mondo interconnesso. La saggezza della Generazione Silenziosa, la grinta dei Baby Boomers, il pragmatismo della Generazione X, l'idealismo dei Millennials e la passione della Generazione Z giocheranno tutti un ruolo vitale nel plasmare il mondo che verrà. Sfruttando le loro forze collettive, possono forgiare un percorso sostenibile, inclusivo ed equo.

Le sfide che dovranno affrontare richiederanno soluzioni innovative, una leadership coraggiosa e un profondo senso di empatia. È indispensabile che sfruttino il potere della tecnologia e ne abbraccino il potenziale di cambiamento positivo. Devono affrontare l'urgente necessità di sostenibilità ambientale, lavorando per un futuro più verde e sostenibile. Devono sostenere la giustizia sociale, l'uguaglianza e la diversità, assicurando che nessuno venga lasciato indietro nella ricerca del progresso.

Quando chiudiamo questo libro, ci lasciamo alle spalle un'eredità di generazioni che hanno plasmato il mondo in modi straordinari. I loro contributi, sia attraverso movimenti politici, scoperte scientifiche, espressioni artistiche o atti di compassione, hanno lasciato un segno indelebile nella storia dell'umanità. Passiamo il testimone alle generazioni future, con la speranza che portino la fiaccola del progresso, accendano nuove idee e creino un mondo migliore, più luminoso e più armonioso.

È un futuro che racchiude un immenso potenziale, in cui le voci dei giovani e degli anziani convergono per costruire ponti e favorire la comprensione. È un futuro in cui le generazioni collaborano, imparano le une dalle altre e abbracciano il potere della diversità. È un futuro in cui la saggezza collettiva e le esperienze condivise del passato fungono da luci guida, illuminando il cammino futuro.

Quindi, mentre intraprendiamo questo viaggio verso il futuro, ricordiamo le lezioni apprese dalle generazioni che ci hanno preceduto. Onoriamo la loro eredità lavorando insieme, superando le divisioni generazionali e abbracciando il potere dell'unità. Riconosciamo che le sfide che dobbiamo affrontare non sono insormontabili, ma piuttosto opportunità di crescita e trasformazione.

In questo arazzo di generazioni, troviamo speranza, resilienza e capacità di cambiamento. Vediamo il potenziale per affrontare le questioni urgenti del nostro tempo e creare un mondo più giusto, inclusivo e sostenibile. Il compito che ci attende può essere scoraggiante, ma con la forza collettiva delle generazioni possiamo essere all'altezza della situazione.

Se guardiamo all'Africa, al Medio Oriente e alla Russia, vediamo storie uniche di lotte e trionfi, di progressi e battute d'arresto. Siamo testimoni del potere di trasformazione delle generazioni nel plasmare il destino di queste regioni. Dalla lotta contro il colonialismo e l'apartheid alla ricerca dell'indipendenza e dell'autodeterminazione, le generazioni africane hanno aperto la strada a un futuro più luminoso.

In Medio Oriente, alcune generazioni hanno vissuto la complessità della geopolitica, la ricerca della pace e la lotta per i diritti umani. Dalla Primavera araba ai conflitti in corso, queste generazioni hanno cercato di forgiare un percorso verso la stabilità, la giustizia e la prosperità.

In Russia, alcune generazioni hanno assistito alla caduta degli imperi, all'ascesa del comunismo e alla transizione verso la democrazia. Hanno affrontato sfide economiche, trasformazioni politiche e la ricerca del progresso sociale. Ogni generazione ha lasciato un segno indelebile nella storia della nazione e ne ha plasmato la traiettoria.

Dal punto di vista economico, queste regioni hanno affrontato sfide e opportunità uniche. Dalle ricche risorse naturali dell'Africa alle economie ricche di petrolio del Medio Oriente e alla potenza industriale della Russia, le generazioni si sono confrontate con le complessità dello sviluppo, della disuguaglianza e della distribuzione della ricchezza. La lotta per la prosperità economica, unita alla ricerca della giustizia sociale, ha plasmato le aspirazioni e le azioni delle generazioni.

In mezzo a queste sfide, non si può trascurare l'impatto sulla vita degli individui, sia ricchi che poveri. Le generazioni hanno assistito all'ascesa di una classe media, alla lotta contro la povertà e alla ricerca dell'uguaglianza. Hanno sperimentato le disparità nell'accesso all'istruzione, all'assistenza sanitaria e alle opportunità. Le generazioni hanno svolto un ruolo fondamentale nel sostenere il cambiamento, nel chiedere riforme sociali e nel lavorare per una società più inclusiva.

Il futuro di queste regioni è nelle mani delle prossime generazioni. È un futuro che richiede una leadership visionaria, soluzioni innovative e un profondo impegno per i diritti umani e lo sviluppo sostenibile. È un futuro in cui le voci dei giovani sono amplificate, le donne sono valorizzate e gli emarginati sono sollevati.

Le sfide che ci attendono possono sembrare scoraggianti, ma la storia ha dimostrato che le generazioni hanno il potere di plasmare il corso delle nazioni. Attraverso le loro azioni collettive, possono costruire ponti di comprensione, promuovere la pace e la stabilità e creare ambienti in cui la prosperità sia condivisa da tutti.

Nel chiudere questo libro, riflettiamo sul potere delle generazioni e sul loro profondo impatto sul mondo. Riconosciamo l'interazione tra gli eventi storici, i cambiamenti sociali e le aspirazioni degli individui nel contesto più ampio delle generazioni. Possiamo lasciarci ispirare dalle storie di resilienza, coraggio e determinazione che sono emerse dall'Africa, dal Medio Oriente e dalla Russia.

Nell'arazzo delle generazioni, troviamo un'umanità condivisa, interconnessa dalle nostre speranze e dai nostri sogni per un mondo migliore. Facciamo nostre le lezioni del passato, onoriamo il presente e guardiamo al futuro con ottimismo, sapendo che le azioni che compiamo oggi daranno forma al mondo per le generazioni a venire.

Insieme, continuiamo a tessere la storia delle generazioni, lasciando dietro di noi un'eredità di progresso, compassione e unità.

Il viaggio continua e il futuro ci attende tutti.

RICONOSCIMENTI

Vorrei poter dire semplicemente che devo la mia gratitudine solo a me stesso e alla mia incrollabile fiducia nella bellezza degli altri, nelle storie che amo raccontare e narrare.

Ma non sarebbe vero: ci sono sempre stati e ci saranno sempre coloro che mi hanno aiutato, e io sono sinceramente grato a tutti e a ciascuno di loro in un unico abbraccio... attraverso le generazioni.

Solo unendo le nostre competenze possiamo continuare a tramandare storie e a trasmettere alle generazioni future come abbiamo vissuto e come stiamo vivendo.

REVISIONE, PER FAVORE

Se siete arrivati fin qui, se non vi siete arresi, se questo libro vi ha chiarito cosa siamo stati, cosa siamo e cosa potremmo diventare...

Lasciate una recensione e parlatene con i vostri amici e familiari.

Diffondete la notizia, per favore.

Grazie, Amanda